AF280433 
trement
Addedonl oactring
ALEXANDER ARMIN

INHALTSVERZEICHNIS

1
Einführung in die
AAAAAAAAAAAAAAAAA AAAAAAAAAAAA AAAAAAAAA

AAAAAAAAAAAAAAAAAAAAAAAAAAAAAAAAAAAAAAAAAA

Die finanzielle Sicherheit im Ruhestand ist ein zentrales Anliegen für viele Senioren, da sie die Grundlage für ein erfülltes und sorgenfreies Leben bildet. In einer Zeit, in der die Lebenserwartung steigt und die Renten oft nicht ausreichen, um den gewohnten Lebensstandard aufrechtzuerhalten, wird es immer wichtiger, zusätzliche Einkommensquellen zu erschließen. Finanzielle Sicherheit ermöglicht es den Menschen nicht nur, ihre Grundbedürfnisse zu decken, sondern auch aktiv am gesellschaftlichen Leben teilzunehmen und persönliche Interessen zu verfolgen.

Ein stabiler finanzieller Hintergrund fördert das Wohlbefinden und die Lebensqualität im Alter. Senioren mit ausreichenden finanziellen Mitteln können sich Gesundheitsvorsorge leisten, Reisen unternehmen oder Hobbys nachgehen, die ihnen Freude bereiten. Diese Aktivitäten tragen zur physischen und psychischen Gesundheit bei und helfen dabei, soziale Isolation zu vermeiden. Zudem gibt es zahlreiche Studien, die belegen, dass finanzielle Sorgen einen direkten Einfluss auf das allgemeine Wohlbefinden haben.

Zusätzlich eröffnet eine gesicherte finanzielle Basis Möglichkeiten zur persönlichen Entfaltung. Viele Senioren entdecken neue Talente oder Fähigkeiten in Bereichen wie Kunst, Handwerk oder Technologie und nutzen diese für freiberufliche Tätigkeiten oder kleine Unternehmen. Solche Unternehmungen bieten nicht nur eine zusätzliche Einkommensquelle, sondern fördern auch das Selbstwertgefühl und die soziale Interaktion.

Darüber hinaus ist es wichtig zu betonen, dass finanzielle Sicherheit nicht nur durch passive Einkünfte wie Renten oder Ersparnisse erreicht werden kann. Aktive Beteiligung an der Arbeitswelt – sei es durch Teilzeitarbeit oder ehrenamtliche Tätigkeiten – kann ebenfalls zur finanziellen Stabilität beitragen. Diese Optionen ermöglichen es Senioren nicht nur, ihr Einkommen aufzubessern, sondern auch weiterhin einen wertvollen Beitrag zur Gesellschaft zu leisten.

Insgesamt zeigt sich: Die Bedeutung der finanziellen Sicherheit im Ruhestand geht weit über materielle Aspekte hinaus; sie beeinflusst maßgeblich Lebensqualität und persönliche Zufriedenheit. Daher ist es entscheidend für Senioren, proaktiv nach Wegen zu suchen, um ihre finanzielle Situation nachhaltig zu verbessern.

1.2 Veränderungen in der Lebensweise von Senioren

Die Lebensweise von Senioren hat sich in den letzten Jahrzehnten erheblich gewandelt, was auf verschiedene gesellschaftliche, wirtschaftliche und technologische Entwicklungen zurückzuführen ist. Diese Veränderungen beeinflussen nicht nur die Art und Weise, wie ältere Menschen leben, sondern auch ihre Bedürfnisse und Möglichkeiten im Ruhestand.

Ein wesentlicher Aspekt dieser Veränderungen ist die zunehmende Mobilität und Aktivität älterer Menschen. Viele Senioren sind heute fitter und gesünder als frühere Generationen, was ihnen ermöglicht, aktiver am gesellschaftlichen Leben teilzunehmen. Sie reisen häufiger, engagieren sich in Vereinen oder nehmen an Kursen teil, um neue Fähigkeiten zu erlernen. Diese Aktivitäten fördern nicht nur das soziale Miteinander, sondern tragen auch zur geistigen Gesundheit bei.

Technologische Fortschritte haben ebenfalls einen tiefgreifenden Einfluss auf die Lebensweise von Senioren. Die Verbreitung von Smartphones und Tablets hat es älteren Menschen erleichtert, mit Familie und Freunden in Kontakt zu bleiben sowie Informationen schnell abzurufen. Online-Plattformen bieten zudem Zugang zu einer Vielzahl von Dienstleistungen – sei es für Einkäufe, Gesundheitsberatung oder soziale Interaktionen. Diese digitale Vernetzung hilft dabei, Isolation zu vermeiden und das Gefühl der Zugehörigkeit zu stärken.

Darüber hinaus verändert sich auch die Wohnsituation vieler Senioren. Immer mehr entscheiden sich für alternative Wohnformen wie Mehrgenerationenhäuser oder betreutes Wohnen. Solche Modelle fördern den Austausch zwischen verschiedenen Altersgruppen und bieten gleichzeitig Unterstützung im Alltag. Dies trägt dazu bei, dass Senioren länger selbstständig leben können und gleichzeitig ein soziales Netzwerk aufrechterhalten wird.

Schließlich spielt auch das Bewusstsein für Gesundheit eine entscheidende Rolle in der Lebensweise von Senioren. Eine ausgewogene Ernährung sowie regelmäßige Bewegung werden zunehmend als wichtig erachtet, um die Lebensqualität im Alter zu steigern. Viele ältere Menschen investieren Zeit in Fitnessprogramme oder Ernährungsberatung, um ihre Gesundheit aktiv zu fördern.

Insgesamt zeigt sich: Die Veränderungen in der Lebensweise von Senioren sind vielschichtig und spiegeln eine dynamische Anpassung an moderne Gegebenheiten wider. Diese Entwicklungen eröffnen neue Perspektiven für ein erfülltes Leben im Ruhestand.

1.3 Zielsetzung des Buches

Die Zielsetzung dieses Buches ist es, eine umfassende und praxisnahe Anleitung für Senioren zu bieten, die im Ruhestand zusätzliche Einkommensquellen erschließen möchten. In einer Zeit, in der die finanzielle Sicherheit im Alter zunehmend an Bedeutung gewinnt, zielt das Buch darauf ab, den Lesern verschiedene Möglichkeiten aufzuzeigen, wie sie ihre Lebensqualität durch gezielte Zusatzverdienste verbessern können.

Ein zentraler Aspekt dieser Zielsetzung ist die Aufklärung über die Vielfalt der Optionen, die Senioren zur Verfügung stehen. Von flexiblen Teilzeitjobs über ehrenamtliche Tätigkeiten bis hin zu kreativen Unternehmungen – das Buch wird konkrete Beispiele und Erfolgsgeschichten präsentieren, um den Lesern Inspiration und Motivation zu bieten. Es wird auch darauf eingegangen, wie man seine eigenen Fähigkeiten und Interessen identifizieren kann, um passende Verdienstmöglichkeiten zu finden.

Darüber hinaus soll das Buch praktische Tipps zur Umsetzung geben. Dazu gehören Ratschläge zur Erstellung eines Lebenslaufs für ältere Arbeitnehmer, Informationen über rechtliche Rahmenbedingungen sowie Hinweise zur Nutzung digitaler Plattformen für Freelancing oder Online-Verkäufe. Die Leser werden ermutigt, sich mit neuen Technologien auseinanderzusetzen und diese als Werkzeug zur Schaffung von Einkommen zu nutzen.

Ein weiterer wichtiger Punkt ist die Förderung des sozialen Engagements. Das Buch wird aufzeigen, wie Zusatzverdienste nicht nur finanziellen Nutzen bringen können, sondern auch dazu beitragen, soziale Kontakte zu knüpfen und ein aktives Leben zu führen. Durch das Teilen von Erfahrungen und Wissen in Gemeinschaften oder durch Mentoring-Programme können Senioren nicht nur ihr eigenes Leben bereichern, sondern auch einen wertvollen Beitrag zur Gesellschaft leisten.

Zusammenfassend lässt sich sagen: Die Zielsetzung dieses Buches ist es nicht nur, finanzielle Perspektiven aufzuzeigen, sondern auch ein Bewusstsein dafür zu schaffen, dass der Ruhestand eine Phase voller Möglichkeiten sein kann. Mit dem richtigen Ansatz können Senioren aktiv gestalten und ihre Lebensqualität nachhaltig verbessern.

2
Traditionelle Arbeitsmodelle für Senioren

2.1 Teilzeitarbeit im Ruhestand

Die Teilzeitarbeit im Ruhestand stellt eine attraktive Möglichkeit dar, um nicht nur die finanzielle Situation zu verbessern, sondern auch aktiv am gesellschaftlichen Leben teilzuhaben. In einer Zeit, in der viele Senioren gesund und vital sind, bietet diese Form der Beschäftigung die Chance, Fähigkeiten und Erfahrungen gewinnbringend einzusetzen. Die Flexibilität von Teilzeitarbeit ermöglicht es den Rentnern, ihre Zeit selbst zu gestalten und gleichzeitig soziale Kontakte zu pflegen.

Ein wesentlicher Vorteil der Teilzeitarbeit ist die Möglichkeit, das eigene Wissen und die beruflichen Fähigkeiten in einem neuen Kontext anzuwenden. Viele Senioren bringen wertvolle Erfahrungen aus ihrem früheren Berufsleben mit, die in verschiedenen Branchen gefragt sind. So können beispielsweise ehemalige Lehrer Nachhilfe geben oder Fachkräfte aus dem Gesundheitswesen in Beratungsdiensten tätig werden. Diese Tätigkeiten bieten nicht nur ein zusätzliches Einkommen, sondern auch eine sinnstiftende Beschäftigung.

Darüber hinaus fördert Teilzeitarbeit das soziale Miteinander. Der Kontakt zu Kollegen und Kunden kann Einsamkeit entgegenwirken und das allgemeine Wohlbefinden steigern. Viele Senioren berichten von einer erhöhten Lebenszufriedenheit durch die Interaktion mit anderen Menschen im Arbeitsumfeld. Dies ist besonders wichtig in einer Phase des Lebens, in der soziale Netzwerke oft kleiner werden.

Allerdings gibt es auch Herausforderungen bei der Teilzeitarbeit im Ruhestand. Die Vereinbarkeit von Arbeit und Freizeit muss gut geplant werden, um Überlastung zu vermeiden. Zudem sollten Senioren darauf achten, dass sie sich nicht unter Druck setzen lassen und ihre Gesundheit an erste Stelle stellen. Es ist ratsam, sich über flexible Arbeitsmodelle zu informieren und gegebenenfalls Unterstützung bei der Jobsuche in Anspruch zu nehmen.

Insgesamt bietet die Teilzeitarbeit im Ruhestand eine wertvolle Möglichkeit für Senioren, aktiv zu bleiben und ihre Lebensqualität zu erhöhen. Mit den richtigen Strategien können sie sowohl finanziell als auch persönlich profitieren und ihren Ruhestand erfüllend gestalten.

2.2 Ehrenamtliche Tätigkeiten als Einkommensquelle

Ehrenamtliche Tätigkeiten gewinnen zunehmend an Bedeutung für Senioren, nicht nur als Möglichkeit, sich gesellschaftlich zu engagieren, sondern auch als potenzielle Einkommensquelle. In einer Zeit, in der viele ältere Menschen aktiv und gesund sind, bieten ehrenamtliche Positionen eine Plattform, um Fähigkeiten und Erfahrungen einzubringen und gleichzeitig finanzielle Unterstützung zu erhalten.

Ein zentraler Aspekt ehrenamtlicher Tätigkeiten ist die Flexibilität. Viele Organisationen suchen nach freiwilligen Helfern, die bereit sind, ihre Zeit und ihr Wissen zur Verfügung zu stellen. Diese Engagements können oft so gestaltet werden, dass sie den individuellen Bedürfnissen der Senioren entsprechen. Beispielsweise können ehemalige Fachkräfte in Beratungsdiensten oder Schulungen tätig werden, wo sie ihr Fachwissen weitergeben und gleichzeitig ein kleines Honorar erhalten.

Darüber hinaus gibt es zahlreiche Programme und Initiativen, die speziell darauf abzielen, Senioren in ehrenamtlichen Rollen zu unterstützen. Diese Programme bieten nicht nur Schulungen an, sondern auch finanzielle Anreize oder Aufwandsentschädigungen für geleistete Stunden. So können Senioren beispielsweise in sozialen Einrichtungen oder bei gemeinnützigen Organisationen arbeiten und dabei ein zusätzliches Einkommen generieren.

- Freiwillige im Gesundheitswesen: Ehemalige Pflegekräfte oder Therapeuten können ihre Expertise nutzen und in Beratungsstellen tätig werden.
- Mentorenprogramme: Senioren können jüngeren Generationen als Mentoren zur Seite stehen und dabei kleine Honorare verdienen.
- Kulturelle Projekte: In Museen oder bei kulturellen Veranstaltungen haben Senioren die Möglichkeit, Führungen anzubieten oder Workshops zu leiten.

Die Vorteile ehrenamtlicher Tätigkeiten gehen über das finanzielle Einkommen hinaus. Sie fördern soziale Kontakte und stärken das Gemeinschaftsgefühl. Viele Senioren berichten von einem gesteigerten Lebensglück durch die Interaktion mit anderen Menschen sowie durch das Gefühl der Sinnhaftigkeit ihrer Arbeit. Dennoch sollten Interessierte darauf achten, dass sie sich nicht überlasten und ihre Gesundheit stets im Blick behalten.

Insgesamt stellt das Ehrenamt eine wertvolle Möglichkeit dar, sowohl aktiv am gesellschaftlichen Leben teilzuhaben als auch finanziell von den eigenen Fähigkeiten zu profitieren. Mit dem richtigen Ansatz kann diese Form des Engagements eine bereichernde Erfahrung sein.

2.3 Vor- und Nachteile traditioneller Arbeitsmodelle

Traditionelle Arbeitsmodelle, die oft auf Vollzeitbeschäftigung und festen Arbeitszeiten basieren, bieten sowohl Vorteile als auch Nachteile für Senioren. Diese Modelle sind in vielen Branchen nach wie vor verbreitet und können für ältere Arbeitnehmer sowohl eine Quelle der Stabilität als auch Herausforderungen darstellen.

Ein wesentlicher Vorteil traditioneller Arbeitsmodelle ist die finanzielle Sicherheit, die sie bieten. Ein festes Einkommen ermöglicht es Senioren, ihre Lebenshaltungskosten zu decken und ein gewisses Maß an Unabhängigkeit zu bewahren. Darüber hinaus genießen viele ältere Arbeitnehmer den sozialen Kontakt, den eine reguläre Anstellung mit sich bringt. Die Interaktion mit Kollegen kann das Gefühl der Einsamkeit verringern und zur psychischen Gesundheit beitragen.

Allerdings gibt es auch signifikante Nachteile. Die Anforderungen eines traditionellen Arbeitsplatzes können für Senioren körperlich und geistig belastend sein. Lange Arbeitszeiten oder hohe Stresslevel können gesundheitliche Probleme verschärfen oder neue hervorrufen. Zudem sind viele traditionelle Arbeitsplätze nicht flexibel genug, um den Bedürfnissen älterer Arbeitnehmer gerecht zu werden, die möglicherweise reduzierte Stunden oder angepasste Aufgaben benötigen.

Ein weiterer Nachteil ist die Altersdiskriminierung, die in einigen Branchen immer noch vorkommt. Ältere Arbeitnehmer könnten Schwierigkeiten haben, einen Job zu finden oder befördert zu werden, da Arbeitgeber oft jüngere Kandidaten bevorzugen. Dies kann das Selbstwertgefühl beeinträchtigen und dazu führen, dass erfahrene Fachkräfte aus dem Arbeitsmarkt gedrängt werden.

Zusammenfassend lässt sich sagen, dass traditionelle Arbeitsmodelle sowohl Chancen als auch Herausforderungen für Senioren darstellen. Während sie finanzielle Stabilität und soziale Interaktion bieten können, müssen auch gesundheitliche Aspekte sowie mögliche Diskriminierung berücksichtigt werden. Eine ausgewogene Betrachtung dieser Faktoren ist entscheidend für eine positive berufliche Erfahrung im Alter.

3
Freiberufliche Tätigkeiten

3.1 Möglichkeiten für Freiberufler im Alter

Die Möglichkeiten für Freiberufler im Alter sind vielfältig und bieten eine hervorragende Gelegenheit, die eigene Expertise und Erfahrung gewinnbringend einzusetzen. In einer Zeit, in der viele Menschen bis ins hohe Alter aktiv bleiben möchten, ist es wichtig, die verschiedenen Optionen zu erkunden, die sich Senioren bieten. Diese Tätigkeiten können nicht nur zur finanziellen Absicherung beitragen, sondern auch das persönliche Wohlbefinden steigern.

Ein zentraler Aspekt freiberuflicher Tätigkeiten im Alter ist die Flexibilität. Senioren haben oft den Vorteil, ihre Arbeitszeiten selbst zu bestimmen und Projekte auszuwählen, die ihren Interessen und Fähigkeiten entsprechen. Dies kann von Beratungsdiensten über kreative Tätigkeiten wie Schreiben oder Kunst bis hin zu technischen Dienstleistungen reichen. Die Möglichkeit, von zu Hause aus zu arbeiten oder remote tätig zu sein, eröffnet zusätzliche Chancen und erleichtert die Vereinbarkeit mit anderen Lebensbereichen.

- **Beratung:** Viele Senioren verfügen über jahrzehntelange Berufserfahrung in bestimmten Branchen. Diese Expertise kann in Form von Beratungsdiensten angeboten werden, sei es im Bereich Unternehmensführung, Marketing oder Personalwesen.
- **Kreative Berufe:** Das Schreiben von Büchern oder Artikeln sowie das Erstellen von Kunstwerken sind weitere Möglichkeiten. Plattformen wie Blogs oder soziale Medien ermöglichen es Freiberuflern, ihre Arbeiten einem breiten Publikum zugänglich zu machen.
- **Online-Dienste:** Die Digitalisierung hat neue Wege eröffnet. Senioren können Online-Kurse anbieten oder als virtuelle Assistenten arbeiten. Diese Tätigkeiten erfordern oft keine physische Präsenz und können flexibel gestaltet werden.

Insgesamt bietet das freiberufliche Arbeiten im Alter eine wertvolle Möglichkeit zur Selbstverwirklichung und finanziellen Stabilität. Es ermutigt Senioren dazu, aktiv am gesellschaftlichen Leben teilzunehmen und ihre Talente weiterhin einzubringen.

Zudem gibt es zahlreiche Netzwerke und Plattformen speziell für ältere Freiberufler, die den Austausch unter Gleichgesinnten fördern und Unterstützung bei der Akquise neuer Aufträge bieten. Der Zugang zu diesen Gemeinschaften kann nicht nur berufliche Vorteile bringen, sondern auch soziale Kontakte fördern und Isolation entgegenwirken.

3.2 Aufbau eines eigenen Kundenstamms

Der Aufbau eines eigenen Kundenstamms ist für Freiberufler von entscheidender Bedeutung, da er die Grundlage für eine nachhaltige und erfolgreiche berufliche Existenz bildet. Ein stabiler Kundenstamm ermöglicht nicht nur finanzielle Sicherheit, sondern auch die Möglichkeit, langfristige Beziehungen zu pflegen und sich als Experte in einem bestimmten Bereich zu etablieren.

Ein erster Schritt beim Aufbau eines Kundenstamms besteht darin, ein klares Profil der Zielgruppe zu definieren. Wer sind die potenziellen Kunden? Welche Bedürfnisse haben sie? Indem Freiberufler ihre Zielgruppe genau analysieren, können sie maßgeschneiderte Dienstleistungen anbieten, die den spezifischen Anforderungen ihrer Klienten gerecht werden. Dies kann durch Umfragen oder persönliche Gespräche geschehen, um ein besseres Verständnis für die Wünsche und Erwartungen der Kunden zu gewinnen.

Networking spielt ebenfalls eine zentrale Rolle im Prozess des Kundengewinnens. Der Austausch mit anderen Fachleuten und potenziellen Kunden auf Veranstaltungen, Messen oder über soziale Medien kann wertvolle Kontakte schaffen. Plattformen wie LinkedIn bieten hervorragende Möglichkeiten zur Vernetzung und zur Präsentation eigener Fähigkeiten und Projekte. Zudem können Empfehlungen von zufriedenen Kunden einen enormen Einfluss auf die Gewinnung neuer Aufträge haben.

Eine weitere Strategie ist das Angebot von kostenlosen Proben oder Beratungen. Durch diese Maßnahmen können Freiberufler potenziellen Kunden einen Einblick in ihre Arbeitsweise geben und Vertrauen aufbauen. Wenn Interessierte sehen, dass ihre Bedürfnisse ernst genommen werden und sie qualitativ hochwertige Arbeit erwarten können, steigt die Wahrscheinlichkeit einer Zusammenarbeit erheblich.

Zusätzlich sollten Freiberufler auch Online-Marketing-Strategien in Betracht ziehen. Eine ansprechende Website sowie aktive Social-Media-Präsenz helfen dabei, Sichtbarkeit zu erlangen und neue Klienten anzusprechen. Suchmaschinenoptimierung (SEO) kann dazu beitragen, dass die eigene Dienstleistung bei relevanten Suchanfragen besser platziert wird.

Insgesamt erfordert der Aufbau eines eigenen Kundenstamms Zeit und Engagement, aber mit einer strategischen Herangehensweise können Freiberufler erfolgreich neue Klienten gewinnen und langfristige Geschäftsbeziehungen entwickeln.

3.3 Rechtliche Aspekte der freiberuflichen Arbeit

Die rechtlichen Aspekte der freiberuflichen Arbeit sind von zentraler Bedeutung für die erfolgreiche Ausübung einer selbständigen Tätigkeit. Sie betreffen nicht nur die steuerlichen Verpflichtungen, sondern auch die Haftung, Vertragsgestaltung und die Einhaltung von gesetzlichen Vorgaben. Ein fundiertes Verständnis dieser Aspekte ist unerlässlich, um rechtliche Risiken zu minimieren und eine stabile berufliche Basis zu schaffen.

Zunächst ist es wichtig, den Status als Freiberufler klar zu definieren. In Deutschland werden Freiberufler in § 18 des Einkommensteuergesetzes (EStG) aufgeführt. Dazu zählen unter anderem Ärzte, Anwälte, Steuerberater und Künstler. Die Abgrenzung zwischen Freiberuflern und Gewerbetreibenden hat erhebliche Auswirkungen auf die steuerliche Behandlung sowie auf die Notwendigkeit einer Gewerbeanmeldung. Während Freiberufler keine Gewerbesteuer zahlen müssen, unterliegen sie dennoch der Einkommensteuer und gegebenenfalls der Umsatzsteuer.

Ein weiterer wichtiger Aspekt ist die Haftung. Freiberufler haften grundsätzlich mit ihrem gesamten Vermögen für Schäden, die im Rahmen ihrer beruflichen Tätigkeit entstehen können. Daher ist es ratsam, eine Berufshaftpflichtversicherung abzuschließen, um sich gegen mögliche Schadensersatzansprüche abzusichern. Diese Versicherung schützt nicht nur vor finanziellen Verlusten, sondern kann auch das Vertrauen potenzieller Kunden stärken.

Darüber hinaus spielt die Vertragsgestaltung eine entscheidende Rolle in der freiberuflichen Arbeit. Verträge sollten klar und präzise formuliert sein, um Missverständnisse zu vermeiden und rechtliche Ansprüche durchsetzen zu können. Es empfiehlt sich, allgemeine Geschäftsbedingungen (AGB) zu erstellen und diese transparent zu kommunizieren.

Schließlich müssen Freiberufler auch verschiedene gesetzliche Vorgaben beachten, wie beispielsweise Datenschutzbestimmungen oder Regelungen zur Rechnungsstellung gemäß dem Umsatzsteuergesetz (UStG). Eine sorgfältige Dokumentation aller geschäftlichen Aktivitäten sowie eine ordnungsgemäße Buchführung sind unerlässlich für eine reibungslose Zusammenarbeit mit dem Finanzamt.

Insgesamt erfordert das Verständnis der rechtlichen Aspekte der freiberuflichen Arbeit sowohl Zeit als auch Engagement. Durch proaktive Maßnahmen können Freiberufler jedoch ihre rechtliche Sicherheit erhöhen und somit langfristig erfolgreich arbeiten.

4
Online-Arbeit und digitale Plattformen

4.1 Überblick über Online-Jobs für Senioren

In der heutigen digitalen Welt eröffnen sich für Senioren zahlreiche Möglichkeiten, online zu arbeiten und zusätzliches Einkommen zu generieren. Diese Entwicklung ist besonders relevant, da viele ältere Menschen nicht nur finanziell unabhängig bleiben möchten, sondern auch aktiv am gesellschaftlichen Leben teilnehmen wollen. Online-Jobs bieten die Flexibilität, die es Senioren ermöglicht, ihre Zeit selbst zu gestalten und gleichzeitig ihre Fähigkeiten einzubringen.

Ein zentraler Vorteil von Online-Arbeit ist die Vielfalt der verfügbaren Tätigkeiten. Senioren können in Bereichen wie **Freelancing**, **Beratung**, **Content-Erstellung** oder sogar im **E-Commerce** tätig werden. Plattformen wie Upwork oder Fiverr ermöglichen es ihnen, ihre Dienstleistungen anzubieten und mit Kunden weltweit in Kontakt zu treten. Dies fördert nicht nur das Einkommen, sondern auch den sozialen Austausch.

Zudem sind viele dieser Jobs an keine festen Arbeitszeiten gebunden, was bedeutet, dass Senioren ihre Arbeit nach ihren eigenen Bedürfnissen und Lebensumständen planen können. Diese Flexibilität ist besonders wichtig für diejenigen, die möglicherweise gesundheitliche Einschränkungen haben oder familiäre Verpflichtungen erfüllen müssen.

Ein weiterer Aspekt ist die Möglichkeit des lebenslangen Lernens. Viele Online-Jobs erfordern neue Fähigkeiten oder Kenntnisse in bestimmten Softwareanwendungen. Dies kann eine hervorragende Gelegenheit sein, um sich weiterzubilden und geistig aktiv zu bleiben. Es gibt zahlreiche kostenlose oder kostengünstige Online-Kurse auf Plattformen wie Coursera oder Udemy, die speziell auf ältere Erwachsene zugeschnitten sind.

Trotz der vielen Vorteile gibt es auch Herausforderungen bei der Suche nach geeigneten Online-Jobs. Technologische Barrieren können für einige Senioren ein Hindernis darstellen; daher ist es wichtig, Unterstützung durch Familie oder Freunde in Anspruch zu nehmen oder lokale Schulungsangebote zu nutzen.

Zusammenfassend lässt sich sagen, dass Online-Jobs eine wertvolle Möglichkeit für Senioren darstellen, um finanziell aktiv zu bleiben und gleichzeitig persönliche Erfüllung zu finden. Mit den richtigen Ressourcen und einer positiven Einstellung können sie diese Chancen erfolgreich nutzen.

4.2 Nutzung von Freelance-Plattformen

Die Nutzung von Freelance-Plattformen hat in den letzten Jahren erheblich zugenommen und bietet eine wertvolle Möglichkeit für Senioren, ihre Fähigkeiten und Erfahrungen in einem flexiblen Arbeitsumfeld einzubringen. Diese Plattformen ermöglichen es Nutzern, Projekte zu finden, die ihren Interessen und Fähigkeiten entsprechen, und bieten gleichzeitig die Freiheit, ihre Arbeitszeiten selbst zu bestimmen.

Ein wesentlicher Vorteil der Freelance-Plattformen ist die große Vielfalt an verfügbaren Projekten. Senioren können in verschiedenen Bereichen tätig werden, darunter **Grafikdesign**, **Texterstellung**, **Webentwicklung** oder **Beratung**. Plattformen wie Upwork, Freelancer oder Fiverr bieten eine breite Palette an Aufträgen, die es den Nutzern ermöglichen, sich auf das zu konzentrieren, was ihnen am meisten liegt. Dies fördert nicht nur das Einkommen, sondern auch die persönliche Zufriedenheit.

Zudem fördern diese Plattformen den sozialen Austausch. Durch die Interaktion mit Kunden und anderen Freelancern können Senioren neue Kontakte knüpfen und ihr berufliches Netzwerk erweitern. Dies kann besonders wichtig sein für ältere Menschen, die möglicherweise weniger soziale Kontakte haben oder aus dem aktiven Berufsleben ausgeschieden sind.

Trotz der vielen Vorteile gibt es auch Herausforderungen bei der Nutzung von Freelance-Plattformen. Die Konkurrenz ist oft groß, was bedeutet, dass es notwendig ist, sich durch ein starkes Profil und qualitativ hochwertige Arbeit abzuheben. Zudem müssen Senioren möglicherweise lernen, wie man effektiv mit digitalen Tools umgeht und sich in der Online-Welt zurechtfindet. Hier können Schulungen oder Tutorials hilfreich sein.

Ein weiterer Aspekt ist die Bezahlung: Viele Plattformen erheben Gebühren für ihre Dienstleistungen. Es ist wichtig für Senioren zu verstehen, wie diese Gebühren funktionieren und welche Auswirkungen sie auf das endgültige Einkommen haben können. Eine sorgfältige Kalkulation der Preise für Dienstleistungen kann helfen sicherzustellen, dass sie fair entlohnt werden.

Zusammenfassend lässt sich sagen, dass Freelance-Plattformen eine hervorragende Möglichkeit für Senioren darstellen, aktiv am Arbeitsleben teilzunehmen und ihre Talente einzubringen. Mit der richtigen Herangehensweise können sie sowohl finanziell als auch persönlich profitieren.

4.3 Chancen und Herausforderungen der digitalen Arbeit

Die digitale Arbeit bietet eine Vielzahl von Chancen, die sowohl für Arbeitnehmer als auch für Arbeitgeber von Bedeutung sind. Insbesondere in einer zunehmend globalisierten Welt ermöglicht sie Flexibilität und Zugang zu einem breiteren Talentpool. Diese Aspekte sind besonders relevant für Senioren, die ihre Fähigkeiten in einem sich schnell verändernden Arbeitsumfeld einbringen möchten.

Ein zentraler Vorteil der digitalen Arbeit ist die Möglichkeit zur Selbstbestimmung. Arbeitnehmer können ihre Arbeitszeiten und -orte flexibel gestalten, was insbesondere für ältere Menschen von Bedeutung ist, die möglicherweise gesundheitliche Einschränkungen haben oder familiäre Verpflichtungen erfüllen müssen. Diese Flexibilität fördert nicht nur das Wohlbefinden, sondern kann auch die Produktivität steigern.

Darüber hinaus eröffnet die digitale Arbeitswelt neue Einkommensquellen. Plattformen wie Upwork oder Fiverr ermöglichen es Freelancern, Projekte aus verschiedenen Branchen zu akquirieren und somit ihr Einkommen diversifizieren. Dies ist besonders vorteilhaft in Zeiten wirtschaftlicher Unsicherheit, da es den Betroffenen erlaubt, mehrere Standbeine aufzubauen.

Trotz dieser Chancen gibt es jedoch auch erhebliche Herausforderungen. Die Konkurrenz auf Freelance-Plattformen ist oft intensiv, was bedeutet, dass sich Arbeitnehmer durch qualitativ hochwertige Arbeit und ein starkes Profil hervorheben müssen. Dies erfordert nicht nur Fachkenntnisse, sondern auch Kenntnisse im Marketing und in der Selbstvermarktung.

Ein weiteres Problem stellt der Umgang mit digitalen Tools dar. Viele Senioren könnten Schwierigkeiten haben, sich in der Online-Welt zurechtzufinden oder moderne Software effektiv zu nutzen. Hier sind Schulungsangebote gefragt, um diese Barrieren abzubauen und älteren Arbeitnehmern den Zugang zur digitalen Arbeitswelt zu erleichtern.

Zusätzlich können finanzielle Aspekte eine Herausforderung darstellen. Die Gebührenstruktur vieler Plattformen kann das endgültige Einkommen erheblich beeinflussen. Es ist wichtig für Freelancer, diese Kosten genau zu kalkulieren und transparente Preisstrukturen anzubieten.

Insgesamt zeigt sich, dass digitale Arbeit sowohl vielversprechende Möglichkeiten als auch bedeutende Herausforderungen mit sich bringt. Mit der richtigen Unterstützung und Vorbereitung können Senioren jedoch erfolgreich an dieser neuen Form des Arbeitsmarktes teilnehmen.

5
Unternehmertum im Ruhestand

5.1 Gründung eines kleinen Unternehmens

Die Gründung eines kleinen Unternehmens im Ruhestand bietet Senioren die Möglichkeit, ihre Fähigkeiten und Erfahrungen gewinnbringend einzusetzen und gleichzeitig ein erfülltes Leben zu führen. In einer Zeit, in der viele Menschen länger aktiv bleiben möchten, kann das Unternehmertum eine attraktive Option sein, um nicht nur finanzielle Sicherheit zu erlangen, sondern auch soziale Kontakte zu pflegen und persönliche Interessen zu verfolgen.

Ein wichtiger erster Schritt bei der Gründung eines kleinen Unternehmens ist die Identifikation einer Geschäftsidee, die sowohl den eigenen Fähigkeiten als auch den Bedürfnissen des Marktes entspricht. Senioren verfügen oft über umfangreiche berufliche Erfahrungen und Fachkenntnisse, die sie in verschiedenen Bereichen einsetzen können. Ob es sich um handwerkliche Tätigkeiten, Beratungsdienste oder kreative Projekte handelt – die Möglichkeiten sind vielfältig.

- Handwerkliche Dienstleistungen: Viele Senioren haben handwerkliches Geschick oder Erfahrung in der Gartenpflege, was ihnen ermöglicht, lokale Dienstleistungen anzubieten.
- Beratung: Mit jahrzehntelanger Berufserfahrung können Senioren als Berater in ihrem Fachgebiet tätig werden und ihr Wissen an jüngere Generationen weitergeben.
- Kreative Unternehmungen: Kunsthandwerk oder das Schreiben von Büchern sind weitere Wege, um kreative Talente auszuleben und monetär zu nutzen.

Ein weiterer entscheidender Aspekt ist die Erstellung eines soliden Geschäftsplans. Dieser sollte nicht nur eine Marktanalyse enthalten, sondern auch finanzielle Prognosen sowie Strategien zur Kundengewinnung. Die Nutzung digitaler Plattformen kann hierbei besonders vorteilhaft sein; Online-Marktplätze bieten eine hervorragende Möglichkeit für Senioren, ihre Produkte oder Dienstleistungen einem breiteren Publikum anzubieten.

Zudem sollten Gründer im Ruhestand sich über rechtliche Rahmenbedingungen informieren. Die Anmeldung eines Gewerbes sowie steuerliche Aspekte sind wichtige Punkte, die nicht vernachlässigt werden dürfen. Unterstützung durch lokale Gründerzentren oder Netzwerke kann hier wertvolle Hilfe leisten.

Zusammenfassend lässt sich sagen, dass die Gründung eines kleinen Unternehmens im Ruhestand nicht nur eine Möglichkeit zur finanziellen Verbesserung darstellt, sondern auch einen bedeutenden Beitrag zur persönlichen Zufriedenheit leisten kann. Durch das Verfolgen eigener Interessen und Leidenschaften wird der Ruhestand aktiv gestaltet und bereichert.

5.2 Geschäftsideen für Senioren

Die Entwicklung von Geschäftsideen für Senioren ist ein entscheidender Aspekt des Unternehmertums im Ruhestand. Diese Ideen sollten nicht nur auf den Fähigkeiten und Erfahrungen der Senioren basieren, sondern auch auf den Bedürfnissen des Marktes und den aktuellen Trends. In einer Zeit, in der die digitale Welt immer mehr an Bedeutung gewinnt, gibt es zahlreiche Möglichkeiten, die ältere Generation zu ermutigen, ihre unternehmerischen Ambitionen zu verfolgen.

Eine vielversprechende Geschäftsidee könnte die Gründung eines Online-Shops sein, in dem handgefertigte Produkte oder Kunstwerke verkauft werden. Viele Senioren haben kreative Talente, sei es im Bereich Malerei, Stricken oder Holzarbeiten. Durch Plattformen wie Etsy oder eBay können sie ihre Produkte einem breiten Publikum präsentieren und gleichzeitig ihre Leidenschaft monetarisieren.

Ein weiterer interessanter Ansatz ist das Angebot von Workshops oder Kursen in Bereichen, in denen Senioren über umfangreiche Kenntnisse verfügen. Dies kann alles umfassen – von Kochkursen über Gartenpflege bis hin zu Computer- und Internet-Schulungen für andere Senioren. Solche Angebote fördern nicht nur das Lernen, sondern auch den sozialen Austausch und stärken die Gemeinschaft.

Darüber hinaus könnten Senioren als Berater tätig werden. Ihre jahrzehntelange Berufserfahrung macht sie zu wertvollen Mentoren für jüngere Unternehmer oder Fachkräfte. Die Beratung kann sowohl persönlich als auch online erfolgen und bietet Flexibilität sowie die Möglichkeit, Wissen weiterzugeben.

Ein weiteres innovatives Konzept ist das „Senioren-Coaching", bei dem erfahrene Senioren anderen älteren Menschen helfen können, sich im digitalen Zeitalter zurechtzufinden. Dies könnte Schulungen zur Nutzung von Smartphones oder sozialen Medien umfassen und somit eine Brücke zwischen Generationen schlagen.

Zusammenfassend lässt sich sagen, dass es viele kreative und erfüllende Geschäftsideen für Senioren gibt. Diese Ideen ermöglichen es ihnen nicht nur, finanziell unabhängig zu bleiben, sondern auch aktiv am gesellschaftlichen Leben teilzunehmen und ihre Fähigkeiten sinnvoll einzusetzen.

5.3 Finanzierungsmöglichkeiten und Unterstützung

Die Finanzierung ist ein zentraler Aspekt für Senioren, die im Ruhestand unternehmerisch tätig werden möchten. Die Suche nach geeigneten Finanzierungsquellen kann herausfordernd sein, insbesondere wenn man bedenkt, dass viele Senioren möglicherweise nicht über die gleichen Ressourcen oder Netzwerke wie jüngere Unternehmer verfügen. Dennoch gibt es eine Vielzahl von Möglichkeiten, die speziell auf die Bedürfnisse dieser Zielgruppe zugeschnitten sind.

Eine der ersten Anlaufstellen für finanzielle Unterstützung sind öffentliche Förderprogramme. In vielen Ländern existieren spezielle Programme, die darauf abzielen, das Unternehmertum bei älteren Menschen zu fördern. Diese Programme bieten oft Zuschüsse oder zinsgünstige Darlehen an, um den Einstieg in die Selbstständigkeit zu erleichtern. Es lohnt sich, lokale Wirtschaftsförderungen oder Handelskammern zu kontaktieren, um Informationen über verfügbare Fördermittel zu erhalten.

Zusätzlich können Senioren von Crowdfunding-Plattformen profitieren. Diese modernen Finanzierungsmodelle ermöglichen es Unternehmern, ihre Ideen einer breiten Öffentlichkeit vorzustellen und Kapital von interessierten Unterstützern zu sammeln. Plattformen wie Kickstarter oder Startnext haben sich als besonders effektiv erwiesen und bieten eine hervorragende Möglichkeit, kreative Projekte zu finanzieren.

Ein weiterer wichtiger Aspekt sind Netzwerke und Mentoring-Programme. Viele Organisationen bieten Unterstützung durch erfahrene Unternehmer an, die bereit sind, ihr Wissen und ihre Kontakte weiterzugeben. Solche Programme können nicht nur wertvolle Ratschläge zur Unternehmensführung bieten, sondern auch helfen, potenzielle Investoren oder Partner zu finden.

- **Bankdarlehen:** Traditionelle Banken bieten Kredite an; jedoch sollten Senioren sicherstellen, dass sie alle erforderlichen Unterlagen bereit haben.
- **Business Angels:** Investoren suchen oft nach innovativen Geschäftsideen und könnten bereit sein, in vielversprechende Projekte zu investieren.
- **Kreditgenossenschaften:** Diese Institutionen bieten häufig günstigere Konditionen als herkömmliche Banken und unterstützen lokale Unternehmer.

Letztlich ist es wichtig für Seniorenunternehmer, sich umfassend über alle verfügbaren Optionen zu informieren und gegebenenfalls professionelle Beratung in Anspruch zu nehmen. Mit der richtigen finanziellen Unterstützung können sie ihre unternehmerischen Träume verwirklichen und aktiv am wirtschaftlichen Leben teilnehmen.

6
Kreative Einkommensquellen entdecken

6.1 Kunst und Handwerk als Verdienstmöglichkeit

Kunst und Handwerk bieten eine hervorragende Möglichkeit für Senioren, ihre kreativen Talente in ein zusätzliches Einkommen umzuwandeln. In einer Zeit, in der viele Menschen nach erfüllenden Beschäftigungen im Ruhestand suchen, können handgefertigte Produkte nicht nur monetär wertvoll sein, sondern auch eine Quelle der Freude und des persönlichen Ausdrucks darstellen.

Die Vielfalt an Möglichkeiten im Bereich Kunst und Handwerk ist nahezu unbegrenzt. Ob Malerei, Töpferei, Schmuckherstellung oder Stricken – die Auswahl an kreativen Disziplinen ermöglicht es jedem, etwas zu finden, das seinen Interessen und Fähigkeiten entspricht. Viele Senioren haben bereits Erfahrung in diesen Bereichen gesammelt und können diese Kenntnisse nutzen, um einzigartige Produkte zu schaffen.

Ein wichtiger Aspekt beim Monetarisieren von Kunst- und Handwerksprojekten ist die Vermarktung. Online-Plattformen wie Etsy oder DaWanda bieten eine ideale Möglichkeit, handgefertigte Artikel einem breiten Publikum anzubieten. Diese Plattformen ermöglichen es Künstlern, ihre Werke einfach zu präsentieren und direkt mit Käufern in Kontakt zu treten. Zudem können soziale Medien genutzt werden, um die eigene Marke aufzubauen und potenzielle Kunden anzusprechen.

- **Workshops anbieten:** Senioren können ihr Wissen weitergeben, indem sie Workshops oder Kurse anbieten. Dies fördert nicht nur die Gemeinschaft, sondern schafft auch zusätzliche Einkommensquellen.
- **Kunstmärkte besuchen:** Die Teilnahme an lokalen Kunst- und Handwerksmärkten bietet die Möglichkeit, Produkte direkt zu verkaufen und persönliche Kontakte zu knüpfen.
- **Kollaborationen eingehen:** Kooperationen mit anderen Künstlern oder Geschäften können helfen, die Reichweite zu erhöhen und neue Zielgruppen zu erschließen.

Zusammenfassend lässt sich sagen, dass Kunst und Handwerk nicht nur kreative Ausdrücke sind; sie stellen auch eine wertvolle Einkommensquelle dar. Durch den Einsatz moderner Technologien zur Vermarktung ihrer Arbeiten können Senioren ihre Leidenschaft in ein profitables Geschäft verwandeln. So wird der Ruhestand nicht nur finanziell bereichert, sondern auch durch kreative Erfüllung bereichert.

6.2 Schreiben, Blogging und Content Creation

Das Schreiben, Blogging und die Erstellung von Inhalten sind nicht nur kreative Ausdrucksformen, sondern auch lukrative Einkommensquellen für Senioren. In einer digitalen Welt, in der Informationen ständig gesucht werden, können erfahrene Autoren und kreative Köpfe ihre Fähigkeiten nutzen, um ein Publikum zu erreichen und gleichzeitig finanziell davon zu profitieren.

Ein zentraler Aspekt des Schreibens ist die Vielfalt der Formate. Senioren können Artikel, Geschichten oder sogar Bücher verfassen. Blogs bieten eine Plattform, um persönliche Erfahrungen oder Fachwissen zu teilen. Die Themenvielfalt reicht von Reisen über Gesundheit bis hin zu Hobbys – es gibt kaum Grenzen für das, was geschrieben werden kann. Ein gut geführter Blog kann durch Werbung oder Affiliate-Links monetarisiert werden und somit ein passives Einkommen generieren.

Die Nutzung sozialer Medien spielt eine entscheidende Rolle bei der Verbreitung von Inhalten. Plattformen wie Instagram oder Facebook ermöglichen es Autoren, ihre Arbeiten einem breiten Publikum vorzustellen und direkt mit Lesern in Kontakt zu treten. Durch regelmäßige Interaktion können sie eine treue Leserschaft aufbauen und ihre Reichweite erhöhen.

- **Kurse zur Content-Erstellung:** Senioren können ihr Wissen über das Schreiben weitergeben, indem sie Workshops anbieten oder Online-Kurse erstellen. Dies fördert nicht nur die Gemeinschaft, sondern schafft auch zusätzliche Einkommensquellen.
- **Gastbeiträge:** Das Schreiben für andere Blogs oder Online-Magazine kann helfen, die eigene Sichtbarkeit zu erhöhen und neue Leser anzuziehen.
- **E-Books veröffentlichen:** Die Selbstveröffentlichung von E-Books ist einfacher denn je geworden. Senioren können ihre Geschichten oder Fachkenntnisse in digitaler Form anbieten und so ein zusätzliches Einkommen erzielen.

Zusammenfassend lässt sich sagen, dass Schreiben und Content Creation nicht nur kreative Betätigungen sind; sie bieten auch wertvolle Möglichkeiten zur Einkommensgenerierung im Ruhestand. Mit den richtigen Strategien zur Vermarktung ihrer Inhalte können Senioren ihre Leidenschaft in ein profitables Geschäft verwandeln und gleichzeitig einen bedeutenden Beitrag zur digitalen Landschaft leisten.

6.3 Vermarktung kreativer Produkte

Die Vermarktung kreativer Produkte ist ein entscheidender Schritt, um aus einer Leidenschaft ein profitables Geschäft zu machen. In einer Zeit, in der digitale Plattformen und soziale Medien dominieren, haben kreative Köpfe zahlreiche Möglichkeiten, ihre Werke einem breiten Publikum vorzustellen. Die richtige Vermarktungsstrategie kann den Unterschied zwischen einem Hobby und einer nachhaltigen Einkommensquelle ausmachen.

Ein zentraler Aspekt der Vermarktung ist die Identifikation der Zielgruppe. Kreative sollten sich fragen, wer ihre potenziellen Käufer sind und welche Bedürfnisse oder Interessen diese haben. Durch Marktforschung können sie herausfinden, wo sich ihre Zielgruppe aufhält – sei es auf sozialen Medien, in Online-Foren oder bei speziellen Veranstaltungen. Diese Erkenntnisse helfen dabei, gezielte Marketingkampagnen zu entwickeln.

Ein weiterer wichtiger Punkt ist die Nutzung von Social Media als Marketinginstrument. Plattformen wie Instagram und Pinterest eignen sich hervorragend für visuelle Produkte wie Kunstwerke oder Handarbeiten. Hier können kreative Köpfe nicht nur ihre Produkte präsentieren, sondern auch Geschichten erzählen und eine emotionale Verbindung zu ihren Kunden aufbauen. Regelmäßige Posts und Interaktionen mit Followern fördern das Engagement und erhöhen die Sichtbarkeit.

Zusätzlich zur Präsenz in sozialen Medien sollten kreative Unternehmer auch über den Aufbau einer eigenen Website nachdenken. Eine professionelle Webseite dient nicht nur als Verkaufsplattform, sondern auch als Portfolio für die eigenen Arbeiten. Suchmaschinenoptimierung (SEO) spielt hierbei eine wichtige Rolle: Durch gezielte Keywords können potenzielle Kunden leichter auf die Seite aufmerksam gemacht werden.

- **Kollaborationen:** Die Zusammenarbeit mit anderen Künstlern oder Marken kann neue Zielgruppen erschließen und das eigene Netzwerk erweitern.
- **E-Mail-Marketing:** Der Aufbau eines E-Mail-Verteilers ermöglicht es Kreativen, direkt mit Interessierten zu kommunizieren und über Neuigkeiten oder Angebote zu informieren.
- **Messen und Märkte:** Die Teilnahme an lokalen Kunstmessen oder Märkten bietet die Möglichkeit, Produkte direkt zu verkaufen und Feedback von Kunden zu erhalten.

Insgesamt erfordert die Vermarktung kreativer Produkte sowohl strategisches Denken als auch Kreativität selbst. Mit den richtigen Ansätzen können kreative Köpfe nicht nur ihre Werke erfolgreich verkaufen, sondern auch eine treue Community rund um ihre Marke aufbauen.

7
Erfolgsgeschichten von Senioren

7.1 Inspirierende Beispiele aus dem echten Leben

In einer Welt, in der Senioren zunehmend aktiv und unternehmerisch denken, sind inspirierende Erfolgsgeschichten von älteren Menschen von großer Bedeutung. Diese Geschichten zeigen nicht nur, dass es nie zu spät ist, neue Wege zu gehen, sondern auch, wie vielfältig die Möglichkeiten für einen zusätzlichen Verdienst im Ruhestand sein können. Sie bieten wertvolle Einblicke und motivieren andere Senioren dazu, ihre eigenen Talente und Erfahrungen gewinnbringend einzusetzen.

Ein bemerkenswertes Beispiel ist die Geschichte von Frau Müller, die nach ihrer Pensionierung als Lehrerin begann, Online-Kurse für Sprachunterricht anzubieten. Mit ihrem umfangreichen Wissen und ihrer Leidenschaft für Sprachen konnte sie nicht nur ein zusätzliches Einkommen generieren, sondern auch eine Community von Lernenden aufbauen. Ihre Kurse sind mittlerweile so gefragt, dass sie sogar ein kleines Team von anderen Lehrern eingestellt hat, um ihre Reichweite zu vergrößern.

Ein weiteres inspirierendes Beispiel ist Herr Schmidt, der seine Liebe zur Gartenarbeit in ein florierendes Geschäft verwandelt hat. Nach vielen Jahren im Büro beschloss er, seinen Traum vom eigenen Gartenbauunternehmen zu verwirklichen. Er bietet Workshops an und verkauft selbstgezogene Pflanzen auf lokalen Märkten. Seine Geschichte zeigt eindrucksvoll, wie man mit Leidenschaft und Engagement nicht nur finanziellen Erfolg haben kann, sondern auch das eigene Wohlbefinden steigert.

Diese Erfolgsgeschichten verdeutlichen die Vielfalt der Möglichkeiten für Senioren im Ruhestand. Ob durch kreative Hobbys oder durch das Teilen von Fachwissen – jeder kann seine individuellen Fähigkeiten nutzen. Die positiven Rückmeldungen aus diesen Geschichten ermutigen andere Senioren dazu, ebenfalls aktiv zu werden und ihre Träume zu verfolgen.

Zusammenfassend lässt sich sagen, dass die inspirierenden Beispiele aus dem echten Leben nicht nur motivierend sind; sie bieten auch praktische Anleitungen dafür, wie man im Ruhestand erfolgreich sein kann. Indem Senioren ihre Erfahrungen teilen und voneinander lernen können sie eine unterstützende Gemeinschaft bilden und gemeinsam wachsen.

7.2 Lektionen aus den Erfahrungen anderer

Die Geschichten von Senioren, die im Ruhestand erfolgreich neue Wege beschreiten, bieten nicht nur Inspiration, sondern auch wertvolle Lektionen für andere. Diese Erfahrungen zeigen auf, dass es nie zu spät ist, seine Träume zu verwirklichen und neue Fähigkeiten zu erlernen. Die Erkenntnisse aus diesen Erfolgsgeschichten können als Leitfaden dienen und helfen, Ängste abzubauen sowie Motivation zu fördern.

Eine der zentralen Lektionen ist die Bedeutung von Leidenschaft und Engagement. Viele Senioren berichten, dass ihre neuen Unternehmungen erst durch das Entdecken ihrer wahren Interessen entstanden sind. So fand Frau Müller nicht nur Freude am Unterrichten, sondern entdeckte auch eine tiefe Befriedigung darin, anderen beim Lernen zu helfen. Diese Leidenschaft führte dazu, dass sie über sich hinauswuchs und ein florierendes Online-Geschäft aufbaute.

Ein weiterer wichtiger Aspekt ist die Bereitschaft zur kontinuierlichen Weiterbildung. Herr Schmidt beispielsweise erkannte schnell, dass sein Wissen über Gartenarbeit nicht ausreichte, um ein erfolgreiches Unternehmen zu führen. Er investierte Zeit in Workshops und Seminare über Unternehmensführung und Marketingstrategien. Dies zeigt deutlich, wie wichtig es ist, offen für Neues zu sein und sich ständig weiterzuentwickeln.

- **Netzwerken:** Viele Senioren betonen die Bedeutung von sozialen Kontakten und Netzwerken. Der Austausch mit Gleichgesinnten kann nicht nur neue Ideen hervorbringen, sondern auch Unterstützung bieten.
- **Risiken eingehen:** Erfolgreiche Senioren berichten oft von anfänglichen Rückschlägen oder Zweifeln. Der Mut, Risiken einzugehen und aus Fehlern zu lernen, ist entscheidend für den langfristigen Erfolg.
- **Ziele setzen:** Klare Ziele helfen dabei, fokussiert zu bleiben und Fortschritte messbar zu machen. Das Setzen kleiner Etappenziele kann motivierend wirken und den Weg zum großen Ziel erleichtern.

Zusammenfassend lässt sich sagen, dass die Erfahrungen anderer Senioren wertvolle Lektionen enthalten: Leidenschaft führt zum Erfolg; ständige Weiterbildung öffnet Türen; Netzwerke bieten Unterstützung; Risikobereitschaft fördert Wachstum; klare Ziele schaffen Orientierung. Indem diese Prinzipien beachtet werden, können auch andere Senioren ihre eigenen Erfolgsgeschichten schreiben.

7.3 Tipps zur Nachahmung erfolgreicher Modelle

Die Nachahmung erfolgreicher Modelle ist ein bewährter Weg, um eigene Ziele zu erreichen und neue Perspektiven im Leben zu gewinnen. Senioren, die sich inspirieren lassen und von den Erfahrungen anderer lernen, können wertvolle Erkenntnisse gewinnen, die ihnen helfen, ihre eigenen Träume zu verwirklichen. In diesem Abschnitt werden einige praktische Tipps vorgestellt, die Senioren dabei unterstützen können, erfolgreiche Vorbilder nachzuahmen und ihre eigenen Erfolgsgeschichten zu schreiben.

Zunächst ist es wichtig, eine klare Vision für die eigenen Ziele zu entwickeln. Senioren sollten sich Zeit nehmen, um darüber nachzudenken, was sie wirklich erreichen möchten. Dies kann durch das Führen eines Tagebuchs oder das Erstellen einer Visionstafel geschehen. Indem sie ihre Wünsche und Ambitionen visuell festhalten, schaffen sie eine greifbare Erinnerung an ihre Ziele und motivieren sich selbst zur Umsetzung.

Ein weiterer entscheidender Schritt ist das Lernen von den Besten. Senioren sollten gezielt nach Vorbildern suchen, deren Lebensweg oder Karriere sie bewundern. Dies kann durch das Lesen von Biografien oder das Besuchen von Vorträgen erfolgen. Der Austausch mit diesen Personen – sei es persönlich oder über soziale Medien – kann wertvolle Einblicke in deren Denkweise und Strategien bieten.

Zusätzlich ist es ratsam, ein unterstützendes Umfeld aufzubauen. Die Bedeutung von Netzwerken wurde bereits erwähnt; jedoch sollte der Fokus auf der aktiven Teilnahme an Gemeinschaften liegen, die ähnliche Interessen teilen. Ob in Form von Clubs, Online-Foren oder lokalen Gruppen – der Kontakt zu Gleichgesinnten fördert nicht nur den Austausch von Ideen sondern auch gegenseitige Unterstützung bei Herausforderungen.

Schließlich sollten Senioren bereit sein, aus ihren Fehlern zu lernen und Rückschläge als Teil des Prozesses anzunehmen. Erfolgreiche Menschen berichten oft von Misserfolgen auf ihrem Weg zum Erfolg; diese Erfahrungen sind lehrreich und tragen zur persönlichen Entwicklung bei. Durch Resilienz und Anpassungsfähigkeit können Senioren Hindernisse überwinden und gestärkt daraus hervorgehen.

Zusammenfassend lässt sich sagen: Die Nachahmung erfolgreicher Modelle erfordert eine klare Zielsetzung, aktives Lernen von Vorbildern sowie den Aufbau eines unterstützenden Netzwerks. Mit der Bereitschaft zur Reflexion über eigene Erfahrungen können Senioren nicht nur Inspiration finden, sondern auch konkrete Schritte unternehmen, um ihre eigenen Erfolgsgeschichten zu gestalten.

8
Experteninterviews und Fachmeinungen

8.1 Einblicke von Finanzexperten

In der heutigen Zeit, in der die finanzielle Sicherheit im Ruhestand für viele Menschen von zentraler Bedeutung ist, bieten Einblicke von Finanzexperten wertvolle Perspektiven und Strategien. Diese Experten analysieren nicht nur aktuelle Trends auf dem Arbeitsmarkt, sondern geben auch Ratschläge zur optimalen Nutzung vorhandener Ressourcen und Fähigkeiten. Ihre Meinungen sind entscheidend, um Senioren dabei zu unterstützen, ihre finanziellen Ziele zu erreichen und ein erfülltes Leben im Ruhestand zu führen.

Ein häufiges Thema unter Finanzexperten ist die Notwendigkeit einer diversifizierten Einkommensstrategie. Viele empfehlen, mehrere Einkommensquellen zu erschließen, um finanzielle Risiken zu minimieren. Dies kann durch Teilzeitarbeit in einem vertrauten Berufsfeld oder durch die Erschließung neuer Tätigkeitsfelder geschehen, wie etwa freiberufliche Projekte oder Online-Arbeit. Die Flexibilität dieser Optionen ermöglicht es Senioren, ihre Zeit selbstbestimmt zu gestalten und gleichzeitig ihr Einkommen aufzubessern.

Darüber hinaus betonen Experten die Bedeutung der digitalen Kompetenz. In einer zunehmend digitalisierten Welt sind Kenntnisse in sozialen Medien, Online-Marketing und E-Commerce unerlässlich. Senioren können beispielsweise ihre Hobbys oder Fachkenntnisse nutzen, um Online-Kurse anzubieten oder Produkte über Plattformen wie Etsy oder Amazon zu verkaufen. Solche Aktivitäten fördern nicht nur das Einkommen, sondern auch soziale Interaktionen und persönliche Zufriedenheit.

Ein weiterer wichtiger Aspekt ist das Netzwerk von Kontakten. Finanzexperten raten dazu, bestehende Netzwerke aktiv zu nutzen und neue Kontakte zu knüpfen. Networking kann Türen öffnen für neue berufliche Möglichkeiten oder Kooperationen im Bereich des Unternehmertums. Erfolgsgeschichten von Senioren zeigen oft, dass persönliche Empfehlungen und Beziehungen entscheidend für den Einstieg in neue Tätigkeitsfelder sind.

Zusammenfassend lässt sich sagen, dass die Einsichten von Finanzexperten eine wertvolle Ressource darstellen. Sie helfen nicht nur dabei, finanzielle Strategien zu entwickeln, sondern ermutigen auch dazu, aktiv nach neuen Möglichkeiten im Ruhestand zu suchen

8.2 Ratschläge von erfolgreichen Unternehmern

Die Erfahrungen und Einsichten erfolgreicher Unternehmer sind von unschätzbarem Wert für angehende Gründer und etablierte Geschäftsleute. Ihre Ratschläge bieten nicht nur praktische Strategien, sondern auch Inspiration und Motivation, um Herausforderungen im Unternehmertum zu meistern. In diesem Abschnitt werden einige der wichtigsten Empfehlungen zusammengefasst, die erfolgreiche Unternehmer häufig teilen.

Ein zentraler Ratschlag ist die Bedeutung der Leidenschaft für das eigene Geschäft. Viele Unternehmer betonen, dass eine tiefe Begeisterung für das Produkt oder die Dienstleistung entscheidend ist, um langfristig erfolgreich zu sein. Diese Leidenschaft treibt nicht nur die tägliche Arbeit an, sondern hilft auch dabei, in schwierigen Zeiten durchzuhalten. Ein Beispiel hierfür ist ein Gründer eines nachhaltigen Modeunternehmens, der seine Liebe zur Umwelt und zur Mode kombiniert hat und dadurch eine treue Kundenbasis aufbauen konnte.

Ein weiterer wichtiger Aspekt ist das Lernen aus Misserfolgen. Erfolgreiche Unternehmer berichten oft von Rückschlägen und Fehlschlägen auf ihrem Weg zum Erfolg. Sie empfehlen, diese Erfahrungen als Lernmöglichkeiten zu betrachten und sich nicht entmutigen zu lassen. Ein bekanntes Beispiel ist ein Technologieunternehmer, der mehrere gescheiterte Start-ups hinter sich hat, bevor er schließlich mit einem innovativen Produkt den Durchbruch schaffte.

Darüber hinaus wird die Bedeutung eines starken Netzwerks hervorgehoben. Viele Unternehmer raten dazu, aktiv Beziehungen aufzubauen und sich mit Gleichgesinnten auszutauschen. Networking kann nicht nur neue Geschäftsmöglichkeiten eröffnen, sondern auch wertvolle Unterstützung in Form von Mentoring bieten. Ein erfolgreicher Restaurantbesitzer erzählt oft von den Kontakten, die ihm geholfen haben, sein Geschäft während der Pandemie am Laufen zu halten.

Zusammenfassend lässt sich sagen, dass die Ratschläge erfolgreicher Unternehmer eine wertvolle Ressource darstellen. Sie ermutigen dazu, leidenschaftlich zu arbeiten, aus Fehlern zu lernen und Netzwerke aktiv zu nutzen – alles essentielle Elemente für den unternehmerischen Erfolg.

8.3 Perspektiven von Sozialwissenschaftlern

Die Perspektiven von Sozialwissenschaftlern sind entscheidend, um die komplexen sozialen Phänomene und Dynamiken in unserer Gesellschaft zu verstehen. Diese Fachleute bringen eine Vielzahl von Theorien und Methoden ein, die es ermöglichen, soziale Strukturen, Verhaltensweisen und Interaktionen zu analysieren. Ihre Einsichten tragen nicht nur zur akademischen Diskussion bei, sondern haben auch praktische Implikationen für Politik, Wirtschaft und das tägliche Leben.

Ein zentrales Thema in den Überlegungen der Sozialwissenschaftler ist die Rolle der sozialen Identität. Viele Forscher betonen, dass Identitäten nicht statisch sind, sondern sich im Laufe der Zeit entwickeln und durch verschiedene soziale Kontexte beeinflusst werden. Ein Beispiel hierfür ist die Untersuchung von Migrationserfahrungen: Migranten entwickeln oft hybride Identitäten, die Elemente ihrer Herkunftskultur mit denen des Aufnahmelandes verbinden. Diese Erkenntnisse helfen dabei, Integrationsprozesse besser zu verstehen und politische Maßnahmen entsprechend zu gestalten.

Ein weiterer wichtiger Aspekt ist die Analyse sozialer Ungleichheit. Sozialwissenschaftler untersuchen systematisch Faktoren wie Klasse, Geschlecht und Ethnizität und deren Einfluss auf Lebensbedingungen und Chancen. Die Forschung zeigt häufig auf, dass strukturelle Ungleichheiten tief verwurzelt sind und durch gesellschaftliche Normen sowie institutionelle Praktiken perpetuiert werden. Solche Erkenntnisse sind essenziell für die Entwicklung von Strategien zur Bekämpfung von Diskriminierung und zur Förderung sozialer Gerechtigkeit.

Darüber hinaus spielt die Methodologie eine zentrale Rolle in der sozialwissenschaftlichen Forschung. Die Wahl zwischen qualitativen und quantitativen Methoden kann erhebliche Auswirkungen auf die Ergebnisse haben. Qualitative Ansätze ermöglichen tiefere Einblicke in individuelle Erfahrungen und Bedeutungszuschreibungen, während quantitative Methoden breitere Muster identifizieren können. Eine Kombination beider Ansätze wird oft als besonders wertvoll erachtet, da sie ein umfassenderes Bild der sozialen Realität liefert.

Zusammenfassend lässt sich sagen, dass die Perspektiven von Sozialwissenschaftlern einen unverzichtbaren Beitrag zum Verständnis unserer komplexen Welt leisten. Ihre Analysen fördern nicht nur das theoretische Wissen über soziale Phänomene, sondern bieten auch praktische Lösungen für aktuelle gesellschaftliche Herausforderungen.

9
Aktuelle Statistiken und Trends

9.1 Demografische Entwicklungen bei Senioren

Die demografischen Entwicklungen bei Senioren sind von entscheidender Bedeutung für die Gesellschaft, da sie nicht nur die sozialen Strukturen, sondern auch die wirtschaftlichen Rahmenbedingungen beeinflussen. In den letzten Jahrzehnten hat sich die Altersstruktur in vielen Ländern erheblich verändert, was auf eine steigende Lebenserwartung und sinkende Geburtenraten zurückzuführen ist. Diese Trends führen dazu, dass der Anteil älterer Menschen an der Gesamtbevölkerung kontinuierlich wächst.

Ein zentrales Merkmal dieser Entwicklung ist das Phänomen des „aktiven Alterns". Immer mehr Senioren streben danach, auch im Alter aktiv am gesellschaftlichen Leben teilzunehmen. Dies zeigt sich nicht nur in der Bereitschaft zur Teilzeitarbeit oder zu freiberuflichen Tätigkeiten, sondern auch in einem gesteigerten Interesse an Weiterbildung und ehrenamtlichem Engagement. Die Motivation hinter diesen Bestrebungen reicht von finanziellen Aspekten bis hin zum Wunsch nach sozialer Interaktion und persönlicher Erfüllung.

Aktuelle Statistiken belegen, dass ein erheblicher Teil der über 65-Jährigen weiterhin erwerbstätig ist oder sich in irgendeiner Form engagiert. Laut einer Studie des Statistischen Bundesamtes arbeiten mittlerweile etwa 20% der Senioren in Deutschland mindestens teilweise. Diese Zahl wird voraussichtlich weiter steigen, da immer mehr Menschen erkennen, dass sie ihre Fähigkeiten und Erfahrungen gewinnbringend einsetzen können.

Darüber hinaus spielt die Digitalisierung eine zunehmend wichtige Rolle im Leben älterer Menschen. Viele Senioren nutzen das Internet nicht nur zur Informationsbeschaffung, sondern auch zur Vernetzung mit Gleichgesinnten oder zur Ausübung von Online-Arbeiten. Plattformen für Freelancing und digitale Marktplätze bieten neue Möglichkeiten für zusätzliche Einkünfte und fördern gleichzeitig den Austausch zwischen Generationen.

Insgesamt zeigen diese demografischen Entwicklungen, dass Senioren nicht länger als passive Empfänger von Sozialleistungen betrachtet werden sollten. Vielmehr sind sie aktive Mitgestalter ihrer Lebensrealität und tragen durch ihre Erfahrungen und Kompetenzen wesentlich zur Gesellschaft bei. Es ist daher wichtig, geeignete Rahmenbedingungen zu schaffen, um diese Potenziale zu fördern und zu unterstützen.

9.2 Wirtschaftliche Trends im Ruhestand

Die wirtschaftlichen Trends im Ruhestand sind von zentraler Bedeutung für die finanzielle Sicherheit und Lebensqualität älterer Menschen. Angesichts der demografischen Veränderungen, wie einer steigenden Lebenserwartung und sinkenden Geburtenraten, ist es unerlässlich, die finanziellen Rahmenbedingungen für Senioren zu analysieren. Diese Trends beeinflussen nicht nur das individuelle Wohlbefinden, sondern auch die gesamtwirtschaftliche Stabilität.

Ein bemerkenswerter Trend ist die Zunahme von flexiblen Arbeitsmodellen für Senioren. Immer mehr ältere Arbeitnehmer entscheiden sich dafür, in Teilzeit oder auf freiberuflicher Basis zu arbeiten. Dies ermöglicht ihnen nicht nur eine zusätzliche Einkommensquelle, sondern fördert auch soziale Kontakte und geistige Aktivität. Die Bereitschaft zur Arbeit über das Rentenalter hinaus wird durch verschiedene Faktoren begünstigt: Viele Senioren möchten ihre Lebensstandards aufrechterhalten oder verbessern, während andere den Wunsch haben, aktiv am gesellschaftlichen Leben teilzunehmen.

Ein weiterer wichtiger Aspekt ist die Rolle der digitalen Technologien im Ruhestand. Die Nutzung des Internets hat unter älteren Menschen zugenommen, was neue Möglichkeiten für Online-Arbeit und -Engagement eröffnet. Plattformen wie Upwork oder Fiverr ermöglichen es Senioren, ihre Fähigkeiten anzubieten und so ein zusätzliches Einkommen zu generieren. Diese Entwicklung zeigt nicht nur die Anpassungsfähigkeit älterer Generationen an technologische Veränderungen, sondern auch deren Bestreben nach finanzieller Unabhängigkeit.

Zusätzlich beobachten wir einen Anstieg des Interesses an alternativen Altersvorsorgemodellen. Immer mehr Menschen setzen auf private Rentenversicherungen oder Investitionen in Immobilien als Mittel zur Sicherstellung ihrer finanziellen Zukunft im Alter. Diese Strategien sind oft notwendig geworden, da staatliche Rentensysteme in vielen Ländern unter Druck stehen und nicht mehr ausreichen, um den gewohnten Lebensstandard zu halten.

Insgesamt verdeutlichen diese wirtschaftlichen Trends im Ruhestand die Notwendigkeit eines Umdenkens in der Gesellschaft hinsichtlich der Rolle älterer Menschen. Sie sind nicht länger passive Empfänger von Sozialleistungen; vielmehr tragen sie aktiv zur Wirtschaft bei und gestalten ihre eigene finanzielle Zukunft proaktiv mit.

9.3 Relevanz zusätzlicher Einkommensquellen

Die Relevanz zusätzlicher Einkommensquellen im Ruhestand ist ein entscheidender Faktor für die finanzielle Sicherheit und Lebensqualität älterer Menschen. Angesichts der steigenden Lebenserwartung und der Unsicherheiten in den staatlichen Rentensystemen wird es immer wichtiger, dass Senioren alternative Möglichkeiten zur Einkommensgenerierung in Betracht ziehen. Diese zusätzlichen Einkommensquellen können nicht nur dazu beitragen, den gewohnten Lebensstandard aufrechtzuerhalten, sondern auch das Gefühl von Unabhängigkeit und Selbstwert zu fördern.

Ein wesentlicher Aspekt ist die Flexibilität, die viele dieser Einkommensquellen bieten. Senioren haben oft die Möglichkeit, ihre Arbeitszeiten selbst zu gestalten und Tätigkeiten auszuführen, die ihren Interessen und Fähigkeiten entsprechen. Dies kann von Teilzeitarbeit in einem traditionellen Job bis hin zu freiberuflichen Projekten oder dem Verkauf handgefertigter Produkte reichen. Die Vielfalt an Optionen ermöglicht es älteren Menschen, aktiv am wirtschaftlichen Leben teilzunehmen und gleichzeitig soziale Kontakte zu pflegen.

Darüber hinaus spielt die Digitalisierung eine zentrale Rolle bei der Schaffung neuer Einkommensmöglichkeiten. Plattformen wie Etsy oder eBay ermöglichen es Senioren, ihre kreativen Talente auszuleben und Produkte online zu verkaufen. Auch Online-Kurse oder Beratungsdienste können angeboten werden, wodurch wertvolles Wissen monetarisiert werden kann. Diese Entwicklungen zeigen nicht nur die Anpassungsfähigkeit älterer Generationen an technologische Veränderungen, sondern auch deren Bestreben nach finanzieller Unabhängigkeit.

Zusätzlich sind Investitionen in Immobilien oder Aktienmärkte zunehmend beliebte Strategien zur Altersvorsorge geworden. Viele Senioren nutzen ihr angespartes Kapital, um passive Einkommensströme zu generieren, sei es durch Mieteinnahmen oder Dividendenzahlungen. Solche Investitionen erfordern jedoch eine sorgfältige Planung und Beratung, um Risiken zu minimieren und nachhaltige Erträge sicherzustellen.

Insgesamt verdeutlicht die Relevanz zusätzlicher Einkommensquellen im Ruhestand nicht nur den Wandel in der Wahrnehmung des Alters als passiver Lebensphase, sondern auch das Potenzial älterer Menschen als aktive Mitgestalter ihrer finanziellen Zukunft. Indem sie verschiedene Wege zur Einkommenserzielung erkunden, tragen sie nicht nur zur eigenen Sicherheit bei, sondern stärken auch das gesellschaftliche Bild des aktiven Alterns.

10
Zeitmanagement im Ruhestand

10.1 Effektive Planung der Freizeit

Die effektive Planung der Freizeit im Ruhestand ist von entscheidender Bedeutung, um ein erfülltes und aktives Leben zu führen. In einer Zeit, in der viele Menschen länger leben und aktiv bleiben möchten, wird die Gestaltung der freien Zeit zu einer zentralen Herausforderung. Eine durchdachte Freizeitgestaltung kann nicht nur zur persönlichen Zufriedenheit beitragen, sondern auch soziale Kontakte fördern und geistige sowie körperliche Gesundheit unterstützen.

Ein erster Schritt zur effektiven Planung besteht darin, persönliche Interessen und Leidenschaften zu identifizieren. Senioren sollten sich fragen: Was habe ich schon immer gerne gemacht? Gibt es Hobbys oder Aktivitäten, die ich in der Vergangenheit vernachlässigt habe? Die Beantwortung dieser Fragen kann helfen, eine Liste von potenziellen Freizeitaktivitäten zu erstellen. Diese Aktivitäten können von kreativen Beschäftigungen wie Malen oder Musizieren bis hin zu sportlichen Betätigungen wie Radfahren oder Schwimmen reichen.

Darüber hinaus ist es wichtig, einen realistischen Zeitplan zu entwickeln. Senioren sollten ihre Woche so strukturieren, dass sie sowohl Zeit für Entspannung als auch für aktive Beschäftigungen haben. Ein ausgewogenes Verhältnis zwischen sozialen Aktivitäten und Alleinzeit kann dazu beitragen, das emotionale Wohlbefinden zu steigern. Es empfiehlt sich auch, regelmäßige Treffen mit Freunden oder Familienmitgliedern einzuplanen, um den sozialen Kontakt aufrechtzuerhalten.

- Teilnahme an Kursen oder Workshops zur Weiterbildung
- Engagement in ehrenamtlichen Tätigkeiten zur Stärkung des Gemeinschaftsgefühls
- Reisen oder Ausflüge planen, um neue Orte und Kulturen kennenzulernen

Insgesamt trägt eine effektive Planung der Freizeit dazu bei, den Ruhestand nicht nur als Phase des Rückzugs wahrzunehmen, sondern als eine Zeit voller Möglichkeiten und persönlicher Entfaltung.

Zusätzlich können digitale Plattformen genutzt werden, um neue Interessen zu entdecken oder Gleichgesinnte zu finden. Online-Communities bieten zahlreiche Möglichkeiten zum Austausch über gemeinsame Hobbys und Interessen. Letztlich sollte die Planung der Freizeit im Ruhestand flexibel sein; spontane Entscheidungen können oft ebenso bereichernd sein wie gut durchdachte Pläne.

10.2 Balance zwischen Arbeit und Erholung

Die Balance zwischen Arbeit und Erholung im Ruhestand ist ein zentrales Thema, das oft übersehen wird. Viele Menschen verbinden den Ruhestand mit dem Ende der beruflichen Verpflichtungen, doch in Wirklichkeit kann diese Lebensphase auch neue Herausforderungen und Möglichkeiten bieten. Eine ausgewogene Gestaltung von Arbeits- und Erholungsphasen ist entscheidend für das persönliche Wohlbefinden und die Lebensqualität.

Ein wichtiger Aspekt dieser Balance ist die Definition von "Arbeit" im Ruhestand. Für viele Senioren bedeutet dies nicht nur bezahlte Beschäftigung, sondern auch ehrenamtliche Tätigkeiten oder kreative Projekte, die sowohl geistige als auch körperliche Anstrengung erfordern. Diese Art von Engagement kann eine sinnvolle Beschäftigung darstellen, die das Gefühl der Nützlichkeit fördert und soziale Kontakte stärkt.

Um eine gesunde Balance zu erreichen, sollten Senioren aktiv Zeit für Erholung einplanen. Dies kann durch regelmäßige Pausen während des Tages geschehen oder durch längere Auszeiten, um sich zu regenerieren. Aktivitäten wie Meditation, Spaziergänge in der Natur oder einfaches Entspannen mit einem Buch können helfen, Stress abzubauen und die geistige Klarheit zu fördern.

Ein weiterer wichtiger Punkt ist die Flexibilität in der Planung. Während es wichtig ist, einen strukturierten Zeitplan zu haben, sollte dieser Raum für spontane Entscheidungen lassen. Manchmal können unvorhergesehene Ereignisse oder Einladungen zu neuen Erfahrungen führen, die bereichernd sind und zur persönlichen Entwicklung beitragen.

- Regelmäßige Reflexion über persönliche Ziele und Wünsche
- Integration von sozialen Aktivitäten in den Alltag
- Achtsamkeitsübungen zur Förderung des inneren Gleichgewichts

Letztlich trägt eine bewusste Balance zwischen Arbeit und Erholung dazu bei, den Ruhestand als aktive Lebensphase wahrzunehmen. Indem Senioren sowohl ihre Interessen verfolgen als auch ausreichend Zeit für Entspannung einplanen, können sie ein erfülltes Leben führen und ihre Lebensqualität nachhaltig steigern.

10.3 Strategien zur Selbstorganisation

Die Selbstorganisation im Ruhestand ist ein entscheidender Faktor für ein erfülltes und aktives Leben. In dieser Lebensphase, in der viele Menschen von den strukturierten Abläufen des Berufslebens in eine flexiblere Zeitgestaltung übergehen, ist es wichtig, eigene Strategien zu entwickeln, um die verfügbare Zeit sinnvoll zu nutzen. Eine gute Selbstorganisation fördert nicht nur die persönliche Zufriedenheit, sondern auch das allgemeine Wohlbefinden.

Ein zentraler Aspekt der Selbstorganisation ist die Festlegung klarer Ziele. Senioren sollten sich überlegen, welche Aktivitäten ihnen Freude bereiten und welche neuen Interessen sie verfolgen möchten. Diese Ziele können sowohl kurzfristig als auch langfristig sein und reichen von der Teilnahme an Kursen oder Workshops bis hin zu Reisen oder ehrenamtlichen Engagements. Die schriftliche Festhaltung dieser Ziele kann helfen, den Fokus zu bewahren und Fortschritte sichtbar zu machen.

Ein weiterer wichtiger Punkt ist die Erstellung eines flexiblen Zeitplans. Während es hilfreich ist, einen groben Rahmen für den Tag oder die Woche festzulegen, sollte genügend Raum für spontane Aktivitäten bleiben. Ein solcher Plan könnte beispielsweise feste Zeiten für Hobbys oder soziale Kontakte beinhalten, aber auch Pufferzeiten für unvorhergesehene Ereignisse lassen. Diese Flexibilität ermöglicht es Senioren, auf neue Gelegenheiten einzugehen und gleichzeitig ihre eigenen Bedürfnisse nach Struktur und Routine zu berücksichtigen.

Achtsamkeit spielt ebenfalls eine wesentliche Rolle in der Selbstorganisation. Durch regelmäßige Reflexion über eigene Wünsche und Bedürfnisse können Senioren besser einschätzen, wie sie ihre Zeit verbringen möchten. Achtsamkeitsübungen wie Meditation oder einfaches Innehalten während des Tages fördern nicht nur das innere Gleichgewicht, sondern helfen auch dabei, Prioritäten klarer zu erkennen.

- Ziele schriftlich festhalten
- Flexibler Zeitplan mit Pufferzeiten
- Achtsamkeitsübungen zur Förderung der Selbstreflexion

Zusammenfassend lässt sich sagen, dass effektive Strategien zur Selbstorganisation im Ruhestand dazu beitragen können, diese Lebensphase aktiv und erfüllend zu gestalten. Indem Senioren ihre Zeit bewusst planen und flexibel bleiben, können sie sowohl ihren Interessen nachgehen als auch neue Erfahrungen sammeln.

11
Soziale Netzwerke nutzen

11.1 Bedeutung sozialer Kontakte für den Erfolg

Soziale Kontakte spielen eine entscheidende Rolle für den persönlichen und beruflichen Erfolg, insbesondere im Ruhestand. In einer Zeit, in der viele Senioren nach neuen Möglichkeiten suchen, um aktiv zu bleiben und ihre finanzielle Situation zu verbessern, sind Netzwerke von unschätzbarem Wert. Diese Verbindungen bieten nicht nur emotionale Unterstützung, sondern auch Zugang zu Informationen und Ressourcen, die für die Verwirklichung von Zielen unerlässlich sind.

Ein starkes Netzwerk kann Senioren helfen, neue berufliche Chancen zu entdecken. Oftmals werden Stellenangebote oder Projekte über persönliche Empfehlungen kommuniziert. Ein Beispiel hierfür ist ein ehemaliger Lehrer, der durch seine Kontakte in der Bildungsbranche eine freiberufliche Tätigkeit als Nachhilfelehrer fand. Solche Gelegenheiten wären ohne bestehende Beziehungen möglicherweise unentdeckt geblieben.

Darüber hinaus fördern soziale Kontakte das Lernen und die persönliche Entwicklung. Der Austausch mit Gleichgesinnten ermöglicht es Senioren, neue Fähigkeiten zu erlernen oder bestehende Kenntnisse aufzufrischen. Workshops oder Gruppenaktivitäten bieten nicht nur eine Plattform zum Lernen, sondern auch zur Vernetzung mit anderen Menschen mit ähnlichen Interessen. Dies kann besonders wertvoll sein für diejenigen, die sich in neuen Tätigkeitsfeldern orientieren möchten.

- Emotionale Unterstützung: Soziale Netzwerke bieten Rückhalt in schwierigen Zeiten und tragen zur psychischen Gesundheit bei.
- Zugang zu Informationen: Durch Kontakte erhalten Senioren wertvolle Tipps und Hinweise auf interessante Projekte oder Veranstaltungen.
- Erweiterung des Horizonts: Neue Bekanntschaften können dazu führen, dass man sich mit Themen auseinandersetzt, die einem zuvor unbekannt waren.

Zusammenfassend lässt sich sagen, dass soziale Kontakte nicht nur das Wohlbefinden steigern, sondern auch maßgeblich zum Erfolg im Ruhestand beitragen können. Die aktive Pflege dieser Beziehungen sollte daher ein zentraler Bestandteil jeder Strategie zur Verbesserung der Lebensqualität im Alter sein. Indem Senioren ihre Netzwerke erweitern und pflegen, schaffen sie sich selbst zahlreiche Möglichkeiten zur persönlichen Entfaltung und finanziellen Stabilität.

11.2 Networking-Möglichkeiten für Senioren

Die Bedeutung von Netzwerken für Senioren kann nicht hoch genug eingeschätzt werden, insbesondere in einer Zeit, in der viele Menschen im Ruhestand nach neuen Wegen suchen, um aktiv und engagiert zu bleiben. Networking bietet nicht nur die Möglichkeit, soziale Kontakte zu knüpfen, sondern auch den Zugang zu wertvollen Ressourcen und Informationen, die das Leben bereichern können.

Eine der effektivsten Möglichkeiten für Senioren, Netzwerke aufzubauen, sind lokale Gemeinschaftsgruppen oder Vereine. Diese Organisationen bieten oft regelmäßige Treffen an, bei denen sich Gleichgesinnte austauschen können. Ein Beispiel hierfür ist ein Seniorensportverein, der nicht nur körperliche Aktivität fördert, sondern auch eine Plattform für soziale Interaktion bietet. Solche Gruppen helfen dabei, neue Freundschaften zu schließen und gleichzeitig die Gesundheit zu fördern.

Darüber hinaus spielen digitale Plattformen eine zunehmend wichtige Rolle im Networking für Senioren. Soziale Medien wie Facebook oder spezielle Foren für ältere Menschen ermöglichen es ihnen, mit Freunden und Familie in Kontakt zu bleiben sowie neue Bekanntschaften zu schließen. Online-Kurse oder Webinare bieten zudem die Möglichkeit, neue Fähigkeiten zu erlernen und sich mit anderen Teilnehmern auszutauschen. Dies kann besonders vorteilhaft sein für Senioren, die möglicherweise Schwierigkeiten haben, physisch an Veranstaltungen teilzunehmen.

Ein weiterer Aspekt des Netzwerkens ist das Mentoring. Viele Senioren verfügen über umfangreiche berufliche Erfahrungen und Kenntnisse in bestimmten Bereichen. Durch Mentoring-Programme können sie ihr Wissen an jüngere Generationen weitergeben und gleichzeitig selbst von frischen Perspektiven profitieren. Dies schafft nicht nur eine Win-Win-Situation für beide Seiten, sondern stärkt auch das Gefühl der Zugehörigkeit und des Beitrags zur Gesellschaft.

- Gemeinschaftsgruppen: Lokale Vereine fördern soziale Interaktionen und Aktivitäten.
- Digitale Plattformen: Soziale Medien ermöglichen den Kontakt mit alten Freunden und neuen Bekannten.
- Mentoring-Programme: Ältere Menschen können ihr Wissen weitergeben und gleichzeitig von Jüngeren lernen.

Zusammenfassend lässt sich sagen, dass Networking-Möglichkeiten für Senioren vielfältig sind und sowohl persönliche als auch berufliche Vorteile bieten können. Indem sie aktiv nach Verbindungen suchen – sei es durch lokale Gruppen oder digitale Plattformen – können Senioren ihre Lebensqualität erheblich steigern und ein erfülltes Leben im Alter führen.

11.3 Unterstützung durch Gemeinschaftsprojekte

Gemeinschaftsprojekte spielen eine entscheidende Rolle bei der Unterstützung von Senioren und fördern nicht nur soziale Interaktionen, sondern auch das Gefühl der Zugehörigkeit und des Engagements in der Gesellschaft. Diese Projekte bieten eine Plattform, auf der ältere Menschen aktiv teilnehmen können, ihre Fähigkeiten einbringen und gleichzeitig neue Freundschaften schließen können.

Ein Beispiel für erfolgreiche Gemeinschaftsprojekte sind Nachbarschaftshilfen, die oft von lokalen Organisationen oder Freiwilligeninitiativen ins Leben gerufen werden. Hierbei handelt es sich um Programme, die Senioren unterstützen, indem sie alltägliche Aufgaben wie Einkaufen oder Arztbesuche übernehmen. Solche Initiativen stärken nicht nur den sozialen Zusammenhalt innerhalb einer Gemeinde, sondern ermöglichen es älteren Menschen auch, länger unabhängig zu leben.

Darüber hinaus gibt es zahlreiche kreative Projekte wie gemeinsames Gärtnern oder Kunst- und Handwerksgruppen. Diese Aktivitäten fördern nicht nur die körperliche Betätigung und geistige Anregung, sondern schaffen auch einen Raum für den Austausch von Erfahrungen und Geschichten. Ein gemeinsames Gartenprojekt kann beispielsweise dazu führen, dass Senioren nicht nur frisches Gemüse anbauen, sondern auch wertvolle soziale Kontakte knüpfen.

Die digitale Welt bietet ebenfalls neue Möglichkeiten für Gemeinschaftsprojekte. Online-Plattformen ermöglichen es Senioren, an virtuellen Workshops teilzunehmen oder sich in Foren auszutauschen. Dies ist besonders wichtig für diejenigen, die aufgrund von Mobilitätseinschränkungen Schwierigkeiten haben, physisch an Veranstaltungen teilzunehmen. Virtuelle Buchclubs oder gemeinsame Filmabende über Videoanrufe sind hervorragende Beispiele dafür, wie Technologie genutzt werden kann, um Gemeinschaft zu fördern.

Zusammenfassend lässt sich sagen, dass Gemeinschaftsprojekte eine wertvolle Ressource für Senioren darstellen. Sie bieten nicht nur praktische Unterstützung im Alltag, sondern tragen auch zur emotionalen Gesundheit bei und helfen dabei, Isolation zu vermeiden. Indem sie aktiv an solchen Projekten teilnehmen oder diese initiieren, können ältere Menschen ihre Lebensqualität erheblich steigern und ein erfülltes Leben führen.

12
Weiterbildung und persönliche Entwicklung

12.1 Fortbildungsmöglichkeiten für ältere Menschen

In einer Gesellschaft, in der lebenslanges Lernen zunehmend an Bedeutung gewinnt, ist es für ältere Menschen essenziell, sich kontinuierlich fortzubilden. Fortbildungsmöglichkeiten bieten nicht nur die Chance, neue Fähigkeiten zu erlernen, sondern auch soziale Kontakte zu knüpfen und das geistige Wohlbefinden zu fördern. Die Vielfalt der Angebote reicht von klassischen Präsenzkursen bis hin zu modernen Online-Formaten.

Ein besonders attraktives Angebot sind Volkshochschulen (VHS), die eine breite Palette an Kursen anbieten – von Sprachkursen über Computertraining bis hin zu kreativen Workshops. Diese Kurse sind oft kostengünstig und speziell auf die Bedürfnisse älterer Teilnehmer zugeschnitten. Zudem bieten viele VHS Einrichtungen spezielle Programme an, die sich mit den Herausforderungen des Alters auseinandersetzen und praktische Lebenskompetenzen vermitteln.

Darüber hinaus haben digitale Lernplattformen wie Udemy oder Coursera in den letzten Jahren stark an Popularität gewonnen. Diese Plattformen ermöglichen es älteren Menschen, bequem von zu Hause aus zu lernen und sich in Themen wie Programmierung, Fotografie oder sogar Unternehmensführung weiterzubilden. Die Flexibilität dieser Formate ist besonders vorteilhaft für Senioren, die möglicherweise gesundheitliche Einschränkungen haben oder nicht mobil sind.

Nicht zuletzt gibt es auch zahlreiche gemeinnützige Organisationen und Stiftungen, die spezielle Bildungsprogramme für Senioren anbieten. Diese Initiativen zielen darauf ab, das Wissen und die Erfahrungen älterer Menschen wertzuschätzen und ihnen gleichzeitig neue Perspektiven aufzuzeigen. Oftmals werden hier auch Mentoring-Programme angeboten, bei denen Senioren ihr Wissen an jüngere Generationen weitergeben können.

Zusammenfassend lässt sich sagen, dass Fortbildungsmöglichkeiten für ältere Menschen nicht nur zur persönlichen Entwicklung beitragen, sondern auch eine wichtige Rolle im sozialen Leben spielen können. Durch das Erlernen neuer Fähigkeiten bleibt man aktiv und engagiert – ein entscheidender Faktor für ein erfülltes Leben im Alter.

12.2 Online-Kurse und Workshops

Online-Kurse und Workshops haben sich in den letzten Jahren als eine der flexibelsten und zugänglichsten Formen der Weiterbildung etabliert. Besonders für ältere Menschen bieten diese Formate zahlreiche Vorteile, die über das bloße Erlernen neuer Fähigkeiten hinausgehen. Sie ermöglichen es den Teilnehmern, in ihrem eigenen Tempo zu lernen und dabei gleichzeitig soziale Kontakte zu pflegen.

Ein wesentlicher Vorteil von Online-Kursen ist die Vielfalt der Themen, die abgedeckt werden können. Plattformen wie Udemy oder Coursera bieten Kurse in Bereichen wie Kunst, Technologie, Gesundheit und persönlicher Entwicklung an. Diese breite Palette ermöglicht es älteren Menschen, ihre Interessen zu verfolgen oder neue Leidenschaften zu entdecken, was nicht nur zur persönlichen Bereicherung beiträgt, sondern auch das geistige Wohlbefinden fördert.

Darüber hinaus sind viele dieser Kurse so gestaltet, dass sie interaktive Elemente enthalten. Foren, Live-Webinare und Gruppenprojekte fördern den Austausch zwischen den Teilnehmern und schaffen ein Gemeinschaftsgefühl. Dies ist besonders wichtig für Senioren, die möglicherweise isoliert leben oder Schwierigkeiten haben, neue soziale Kontakte zu knüpfen. Die Möglichkeit, mit Gleichgesinnten zu interagieren und Erfahrungen auszutauschen, kann das Lernen erheblich bereichern.

Ein weiterer Aspekt ist die technische Unterstützung, die viele Anbieter bereitstellen. Oftmals gibt es Tutorials oder Hilfeforen speziell für Anfänger im Umgang mit digitalen Medien. Dies hilft älteren Menschen nicht nur beim Zugang zu den Kursinhalten, sondern stärkt auch ihr Selbstvertrauen im Umgang mit Technologie – eine Fähigkeit, die in der heutigen digitalen Welt unerlässlich ist.

Zusammenfassend lässt sich sagen, dass Online-Kurse und Workshops eine wertvolle Ressource für ältere Menschen darstellen. Sie fördern nicht nur das lebenslange Lernen und die persönliche Entwicklung, sondern tragen auch zur sozialen Integration bei. Durch diese Formate bleibt man aktiv und engagiert – entscheidende Faktoren für ein erfülltes Leben im Alter.

12.3 Lebenslanges Lernen als Schlüssel zum Erfolg

Lebenslanges Lernen ist nicht nur ein Schlagwort, sondern eine essentielle Voraussetzung für persönlichen und beruflichen Erfolg in der heutigen dynamischen Welt. In einer Zeit, in der technologische Fortschritte und gesellschaftliche Veränderungen rasant voranschreiten, wird die Fähigkeit, sich kontinuierlich weiterzubilden und anzupassen, zu einem entscheidenden Wettbewerbsfaktor.

Ein zentraler Aspekt des lebenslangen Lernens ist die Flexibilität. Menschen sind gefordert, sich ständig neuen Herausforderungen zu stellen und ihre Fähigkeiten an die Anforderungen des Marktes anzupassen. Dies gilt insbesondere in Berufen, die von technologischem Wandel betroffen sind. Beispielsweise müssen Fachkräfte im IT-Bereich regelmäßig neue Programmiersprachen oder Softwaretools erlernen, um wettbewerbsfähig zu bleiben. Durch Online-Kurse oder Workshops können sie dies bequem von zu Hause aus tun und ihr Wissen gezielt erweitern.

Darüber hinaus fördert lebenslanges Lernen auch die persönliche Entwicklung. Es eröffnet Möglichkeiten zur Selbstreflexion und zur Entdeckung neuer Interessen oder Talente. Viele Menschen berichten von einem gesteigerten Selbstbewusstsein und einer höheren Lebenszufriedenheit, wenn sie aktiv an ihrer Weiterbildung teilnehmen. Die Auseinandersetzung mit neuen Themen kann zudem das kreative Denken anregen und innovative Lösungsansätze fördern.

- **Netzwerkbildung:** Durch den Austausch mit anderen Lernenden entstehen wertvolle Kontakte, die sowohl im beruflichen als auch im privaten Bereich von Nutzen sein können.
- **Anpassungsfähigkeit:** Wer bereit ist zu lernen, kann sich besser auf Veränderungen einstellen und bleibt somit resilient gegenüber Krisen.
- **Zukunftssicherung:** Lebenslanges Lernen trägt dazu bei, dass Individuen ihre Beschäftigungsfähigkeit langfristig sichern können.

Zusammenfassend lässt sich sagen, dass lebenslanges Lernen nicht nur eine individuelle Verantwortung darstellt, sondern auch einen wesentlichen Beitrag zur Gesellschaft leistet. Indem wir uns kontinuierlich weiterbilden, tragen wir dazu bei, eine wissensbasierte Gesellschaft zu fördern, die Innovationen vorantreibt und soziale Herausforderungen bewältigt. Der Schlüssel zum Erfolg liegt also in der Bereitschaft und dem Engagement jedes Einzelnen für das eigene Lernen – ein Prozess ohne Ende.

13
Finanzielle Planung im Ruhestand

13.1 Budgetierung und Ausgabenmanagement

Die Budgetierung und das Ausgabenmanagement sind entscheidende Aspekte der finanziellen Planung im Ruhestand. In einer Zeit, in der die Lebenserwartung steigt und viele Menschen aktiv bleiben möchten, ist es unerlässlich, ein klares Verständnis über die eigenen finanziellen Mittel zu haben. Ein gut durchdachtes Budget hilft nicht nur dabei, die monatlichen Ausgaben zu kontrollieren, sondern ermöglicht auch eine bessere Lebensqualität im Alter.

Ein erster Schritt zur effektiven Budgetierung besteht darin, alle Einkommensquellen zu identifizieren. Dazu zählen neben der gesetzlichen Rente auch private Rentenversicherungen, Ersparnisse und mögliche Nebeneinkünfte aus Teilzeitarbeit oder freiberuflichen Tätigkeiten. Es ist wichtig, diese Einnahmen realistisch einzuschätzen und regelmäßig zu überprüfen.

Im nächsten Schritt sollten die monatlichen Ausgaben detailliert aufgelistet werden. Hierbei ist es ratsam, zwischen festen (z.B. Miete, Versicherungen) und variablen Kosten (z.B. Freizeitaktivitäten, Reisen) zu unterscheiden. Eine solche Kategorisierung erleichtert es, Einsparpotenziale zu erkennen und gegebenenfalls Anpassungen vorzunehmen.

- Feste Kosten: Miete/Hypothek, Versicherungen (Gesundheit, Auto), Grundversorgung (Strom, Wasser)
- Variable Kosten: Lebensmittel, Freizeitaktivitäten, Reisen
- Sonderausgaben: Reparaturen oder unerwartete medizinische Kosten

Ein weiterer wichtiger Aspekt des Ausgabenmanagements ist die Priorisierung von Ausgaben. Senioren sollten sich bewusst machen, welche Ausgaben für ihre Lebensqualität unverzichtbar sind und wo sie möglicherweise Abstriche machen können. Dies kann helfen, finanzielle Engpässe zu vermeiden.

Zudem empfiehlt es sich, einen Notfallfonds einzurichten. Dieser sollte idealerweise drei bis sechs Monate an Lebenshaltungskosten abdecken und dient als Puffer für unvorhergesehene Ereignisse wie medizinische Notfälle oder plötzliche Reparaturen am Haus oder Auto.

Zusammenfassend lässt sich sagen, dass eine sorgfältige Budgetierung und ein effektives Ausgabenmanagement nicht nur dazu beitragen können, finanzielle Sicherheit im Ruhestand zu gewährleisten; sie ermöglichen auch ein erfülltes Leben voller Möglichkeiten und Aktivitäten.

13.2 Altersvorsorge optimieren

Die Optimierung der Altersvorsorge ist ein zentraler Aspekt der finanziellen Planung im Ruhestand. Angesichts steigender Lebenshaltungskosten und einer längeren Lebenserwartung ist es entscheidend, die eigenen Vorsorgemaßnahmen regelmäßig zu überprüfen und anzupassen. Eine durchdachte Strategie kann nicht nur finanzielle Sicherheit bieten, sondern auch den Lebensstandard im Alter erheblich verbessern.

Ein erster Schritt zur Optimierung besteht darin, die bestehenden Vorsorgeprodukte zu analysieren. Hierbei sollten sowohl gesetzliche als auch private Rentenansprüche berücksichtigt werden. Oftmals sind Menschen sich nicht bewusst, welche Ansprüche sie tatsächlich haben oder wie diese in Zukunft steigen könnten. Ein Gespräch mit einem Finanzberater kann helfen, alle Optionen zu verstehen und gegebenenfalls Anpassungen vorzunehmen.

Zusätzlich ist es ratsam, verschiedene Anlageformen in Betracht zu ziehen. Neben klassischen Sparplänen können Aktienfonds oder Immobilieninvestitionen eine attraktive Möglichkeit darstellen, um das Vermögen langfristig zu vermehren. Diese Anlagen bieten oft höhere Renditen als herkömmliche Sparbücher und können somit einen wertvollen Beitrag zur Altersvorsorge leisten.

- Aktienfonds: Hohe Renditechancen bei entsprechendem Risiko
- Immobilien: Stabile Wertentwicklung und Mieteinnahmen
- Lebensversicherungen: Kombination aus Versicherungsschutz und Kapitalbildung

Ein weiterer wichtiger Punkt ist die Diversifikation des Portfolios. Durch die Streuung der Investitionen auf verschiedene Anlageklassen kann das Risiko minimiert werden. Dies bedeutet, dass man nicht alle Ersparnisse in eine einzige Anlageform investiert, sondern diese auf mehrere Produkte verteilt.

Zudem sollte man regelmäßig seine Ausgaben im Blick behalten und gegebenenfalls anpassen. Ein bewusster Umgang mit Geld hilft dabei, mehr Mittel für die Altersvorsorge freizusetzen. Auch hier kann ein Budgetplan nützlich sein, um Einsparpotenziale zu identifizieren.

Abschließend lässt sich sagen, dass eine proaktive Herangehensweise an die Altersvorsorge entscheidend ist. Durch regelmäßige Überprüfung und Anpassung der Strategien können Senioren sicherstellen, dass sie auch im Ruhestand finanziell gut abgesichert sind und ihre Lebensqualität erhalten bleibt.

13.3 Steuervorteile nutzen

Die Nutzung von Steuervorteilen ist ein entscheidender Aspekt der finanziellen Planung im Ruhestand, da sie dazu beitragen kann, die verfügbaren Mittel zu maximieren und die Steuerlast zu minimieren. In Deutschland gibt es verschiedene Möglichkeiten, wie Rentner von steuerlichen Erleichterungen profitieren können, um ihre finanzielle Situation im Alter zu verbessern.

Ein zentraler Punkt ist die Besteuerung der Rente selbst. In Deutschland unterliegt die gesetzliche Rente einer nachgelagerten Besteuerung, was bedeutet, dass nur ein Teil der Rente versteuert werden muss. Der steuerpflichtige Anteil hängt vom Jahr des Renteneintritts ab und steigt schrittweise an. Für viele Rentner kann dies eine erhebliche Entlastung darstellen, insbesondere wenn sie während ihrer Erwerbstätigkeit in eine höhere Steuerklasse eingestuft waren.

Zusätzlich können Senioren von verschiedenen Freibeträgen profitieren. Dazu gehört beispielsweise der Grundfreibetrag, der für alle Steuerzahler gilt und jährlich angepasst wird. Darüber hinaus gibt es spezielle Freibeträge für Menschen mit Behinderungen oder Pflegebedürftigkeit, die ebenfalls zur Reduzierung der Steuerlast beitragen können.

Ein weiterer wichtiger Aspekt sind außergewöhnliche Belastungen. Kosten für medizinische Behandlungen oder Pflegeleistungen können unter bestimmten Voraussetzungen steuerlich geltend gemacht werden. Dies ermöglicht es Rentnern, einen Teil ihrer Ausgaben zurückzuerhalten und somit ihre finanzielle Belastung zu verringern.

- Steuerliche Absetzbarkeit von Krankheitskosten
- Freibeträge für Menschen mit Behinderungen
- Nutzung des Altersentlastungsbetrags bei Einkommen aus nichtselbstständiger Arbeit

Zudem sollten Rentner auch in Betracht ziehen, ihre Kapitalerträge strategisch zu planen. Die Freistellungsaufträge bei Banken ermöglichen es ihnen, bis zu einem bestimmten Betrag keine Abgeltungssteuer auf Zinserträge zahlen zu müssen. Eine kluge Anlagestrategie kann somit nicht nur Renditen maximieren, sondern auch steuerliche Vorteile ausschöpfen.

Insgesamt ist es ratsam, sich frühzeitig über mögliche Steuervorteile im Ruhestand zu informieren und gegebenenfalls einen Steuerberater hinzuzuziehen. Durch eine gezielte Planung können Senioren sicherstellen, dass sie ihre finanziellen Ressourcen optimal nutzen und gleichzeitig ihre Steuerlast minimieren.

14
Gesundheit und Wohlbefinden während des Ruhestands

14.1 Einfluss von Arbeit auf die Gesundheit

Die Rolle der Arbeit im Leben eines Menschen ist vielschichtig und hat weitreichende Auswirkungen auf die physische und psychische Gesundheit. Besonders im Ruhestand, wenn viele Menschen nach neuen Beschäftigungsmöglichkeiten suchen, wird der Einfluss von Arbeit auf das Wohlbefinden besonders deutlich. Eine sinnvolle Tätigkeit kann nicht nur zur finanziellen Stabilität beitragen, sondern auch das soziale Netzwerk erweitern und die geistige Fitness fördern.

Studien zeigen, dass aktive Senioren, die sich in irgendeiner Form engagieren – sei es durch Teilzeitarbeit oder ehrenamtliche Tätigkeiten – tendenziell gesünder sind als ihre inaktiven Altersgenossen. Diese Aktivitäten bieten nicht nur eine Struktur für den Alltag, sondern fördern auch die kognitive Leistungsfähigkeit. Die Herausforderung neuer Aufgaben kann dazu beitragen, das Gehirn aktiv zu halten und Demenz vorzubeugen.

Ein weiterer wichtiger Aspekt ist der soziale Kontakt, den Arbeitsmöglichkeiten mit sich bringen. Isolation ist ein häufiges Problem im Ruhestand; regelmäßige Interaktionen mit Kollegen oder Klienten können Einsamkeit entgegenwirken und das emotionale Wohlbefinden steigern. Soziale Bindungen sind entscheidend für die Lebensqualität und können sogar die Lebenserwartung erhöhen.

Allerdings gibt es auch Herausforderungen: Zu viel Stress am Arbeitsplatz kann negative gesundheitliche Folgen haben. Es ist wichtig, ein Gleichgewicht zwischen Engagement und Überlastung zu finden. Senioren sollten darauf achten, dass ihre Arbeitsbelastung ihren physischen Fähigkeiten entspricht und sie ausreichend Zeit für Erholung haben.

Zusammenfassend lässt sich sagen, dass Arbeit im Ruhestand sowohl positive als auch negative Auswirkungen auf die Gesundheit haben kann. Ein ausgewogenes Verhältnis zwischen aktiver Beschäftigung und Freizeitgestaltung ist entscheidend für ein gesundes und erfülltes Leben im Alter. Indem Senioren gezielt nach Möglichkeiten suchen, die ihren Interessen entsprechen und gleichzeitig ihre Gesundheit fördern, können sie einen wertvollen Beitrag zu ihrem eigenen Wohlbefinden leisten.

14.2 Stressbewältigungstechniken für aktive Senioren

Stressbewältigung ist ein entscheidender Aspekt für das Wohlbefinden aktiver Senioren, da sie oft mit den Herausforderungen des Ruhestands und der damit verbundenen Veränderungen konfrontiert sind. Die Fähigkeit, Stress effektiv zu managen, trägt nicht nur zur physischen Gesundheit bei, sondern fördert auch die psychische Stabilität und Lebensqualität.

Eine der effektivsten Techniken zur Stressbewältigung ist die **Achtsamkeit**. Durch Achtsamkeitsübungen wie Meditation oder Yoga können Senioren lernen, im Moment zu leben und ihre Gedanken zu beruhigen. Diese Praktiken helfen dabei, negative Gedankenmuster zu durchbrechen und fördern eine positive Einstellung. Studien zeigen, dass regelmäßige Achtsamkeitspraxis das allgemeine Wohlbefinden steigert und Ängste reduziert.

Ein weiterer wichtiger Ansatz ist die **Körperliche Aktivität**. Sportliche Betätigung setzt Endorphine frei, die als natürliche Stimmungsaufheller wirken. Ob es sich um Spaziergänge in der Natur, Schwimmen oder Gruppenfitnesskurse handelt – Bewegung hilft nicht nur beim Stressabbau, sondern stärkt auch das Herz-Kreislauf-System und verbessert die körperliche Fitness. Senioren sollten Aktivitäten wählen, die ihnen Freude bereiten und leicht in ihren Alltag integriert werden können.

Soziale Interaktion spielt ebenfalls eine zentrale Rolle bei der Stressbewältigung. Der Austausch mit Freunden oder Familienmitgliedern kann emotionale Unterstützung bieten und Einsamkeit entgegenwirken. Regelmäßige Treffen oder gemeinsame Aktivitäten fördern nicht nur soziale Bindungen, sondern schaffen auch Gelegenheiten zum Lachen und Teilen von Erfahrungen – beides wichtige Faktoren für ein erfülltes Leben im Alter.

Zusätzlich können **Kreative Hobbys**, wie Malen, Musizieren oder Handwerken, als hervorragende Ventile für Stress dienen. Diese Tätigkeiten ermöglichen es Senioren, sich auszudrücken und gleichzeitig ihre kognitiven Fähigkeiten zu trainieren. Das Eintauchen in kreative Prozesse kann entspannend wirken und den Geist von belastenden Gedanken befreien.

Insgesamt ist es wichtig für aktive Senioren, verschiedene Techniken zur Stressbewältigung auszuprobieren und herauszufinden, welche am besten zu ihrem Lebensstil passen. Ein ausgewogenes Verhältnis zwischen Aktivität und Entspannung kann dazu beitragen, ein gesundes und glückliches Leben im Ruhestand zu führen.

14.3 Förderung des körperlichen Wohlbefindens

Die Förderung des körperlichen Wohlbefindens ist ein zentraler Aspekt für Senioren im Ruhestand, da sie nicht nur die Lebensqualität steigert, sondern auch die Selbstständigkeit und das allgemeine Wohlbefinden unterstützt. Ein aktiver Lebensstil kann dazu beitragen, altersbedingte Erkrankungen zu verhindern und die Mobilität zu erhalten.

Ein wichtiger Bestandteil der körperlichen Gesundheit ist regelmäßige **Körperliche Aktivität**. Senioren sollten ermutigt werden, Aktivitäten zu wählen, die sowohl ihre Fitness als auch ihr Interesse ansprechen. Dazu gehören sanfte Sportarten wie Tai Chi oder Wassergymnastik, die Gelenke schonen und gleichzeitig Kraft sowie Gleichgewicht fördern. Diese Aktivitäten sind besonders vorteilhaft, da sie das Risiko von Stürzen reduzieren und das Herz-Kreislauf-System stärken.

Zusätzlich zur Bewegung spielt eine ausgewogene **Ernährung** eine entscheidende Rolle für das körperliche Wohlbefinden. Eine Ernährung reich an Obst, Gemüse, Vollkornprodukten und magerem Eiweiß kann helfen, chronischen Krankheiten vorzubeugen. Senioren sollten darauf achten, ausreichend Flüssigkeit zu sich zu nehmen, um Dehydration zu vermeiden – ein häufiges Problem in diesem Alter. Die Integration von gesunden Essgewohnheiten kann durch gemeinsame Kochaktivitäten mit Freunden oder Familienmitgliedern gefördert werden.

Regelmäßige Gesundheitsuntersuchungen sind ebenfalls wichtig für die Aufrechterhaltung des körperlichen Wohlbefindens. Durch präventive Maßnahmen können gesundheitliche Probleme frühzeitig erkannt und behandelt werden. Senioren sollten ermutigt werden, regelmäßig ihren Arzt aufzusuchen und alle empfohlenen Vorsorgeuntersuchungen wahrzunehmen.

Ein weiterer Aspekt ist der **Schlaf**, der oft vernachlässigt wird. Ausreichender Schlaf ist essenziell für die Regeneration des Körpers und hat einen direkten Einfluss auf die geistige Gesundheit. Senioren sollten Strategien entwickeln, um einen gesunden Schlafrhythmus zu fördern – dazu gehören beispielsweise feste Schlafzeiten und eine angenehme Schlafumgebung.

Insgesamt trägt eine ganzheitliche Herangehensweise an das körperliche Wohlbefinden dazu bei, dass Senioren aktiv bleiben und ihre Lebensqualität im Ruhestand maximieren können. Indem sie Bewegung, Ernährung und regelmäßige Gesundheitschecks in ihren Alltag integrieren, können sie ein erfülltes Leben führen.

15
Technologische Hilfsmittel für Senioren

15.1 Nützliche Apps zur Unterstützung bei der Arbeit

In der heutigen digitalen Welt sind Apps zu unverzichtbaren Werkzeugen geworden, die Senioren dabei unterstützen können, ihre beruflichen Aktivitäten effizienter und angenehmer zu gestalten. Diese Anwendungen bieten nicht nur praktische Funktionen, sondern fördern auch die Selbstständigkeit und das Engagement im Arbeitsleben. Besonders für Senioren, die möglicherweise weniger technikaffin sind, können intuitive und benutzerfreundliche Apps eine große Hilfe darstellen.

Eine der nützlichsten Kategorien von Apps sind solche zur Organisation und Planung. Anwendungen wie **Todoist** oder **Microsoft To Do** ermöglichen es Nutzern, Aufgabenlisten zu erstellen und Prioritäten zu setzen. Diese Tools helfen dabei, den Überblick über anstehende Projekte zu behalten und Fristen einzuhalten. Zudem bieten viele dieser Apps Erinnerungsfunktionen, die besonders hilfreich sein können, um wichtige Termine nicht zu vergessen.

Ein weiterer wichtiger Bereich ist die Kommunikation. Mit Apps wie **WhatsApp**, **Zoom** oder **Skaype** können Senioren einfach mit Kollegen oder Kunden in Kontakt treten. Diese Plattformen ermöglichen nicht nur Textnachrichten, sondern auch Videoanrufe, was den persönlichen Austausch fördert und das Gefühl der Isolation verringert. Gerade im Ruhestand kann dies entscheidend sein, um soziale Kontakte aufrechtzuerhalten.

Zudem gibt es spezialisierte Apps für bestimmte Berufsgruppen oder Tätigkeiten. Beispielsweise nutzen viele kreative Senioren Anwendungen wie **Canva**, um Grafiken oder Präsentationen zu erstellen. Diese App bietet eine Vielzahl von Vorlagen und Design-Tools, die es auch ohne umfangreiche Vorkenntnisse ermöglichen, ansprechende visuelle Inhalte zu gestalten.

Letztlich sollten Senioren auch auf Sicherheitsaspekte achten. Apps wie **Password Manager** helfen dabei, Passwörter sicher zu verwalten und somit den Schutz sensibler Daten zu gewährleisten. In einer Zeit zunehmender Cyber-Bedrohungen ist dies ein wichtiger Schritt zur Wahrung der eigenen Privatsphäre.

Zusammenfassend lässt sich sagen, dass nützliche Apps eine wertvolle Unterstützung für Senioren darstellen können, die aktiv bleiben möchten. Sie fördern nicht nur die Effizienz in der Arbeit, sondern tragen auch dazu bei, soziale Interaktionen aufrechtzuerhalten und persönliche Fähigkeiten weiterzuentwickeln.

15.2 Digitale Tools zur Organisation

Die Organisation des Alltags kann für Senioren eine Herausforderung darstellen, insbesondere wenn es darum geht, Termine, Aufgaben und soziale Kontakte im Blick zu behalten. Digitale Tools bieten hier eine wertvolle Unterstützung, indem sie helfen, den Alltag effizienter zu gestalten und die Selbstständigkeit zu fördern. Diese Anwendungen sind nicht nur benutzerfreundlich, sondern auch darauf ausgelegt, den spezifischen Bedürfnissen älterer Menschen gerecht zu werden.

Ein besonders nützliches Tool ist der digitale Kalender. Anwendungen wie **Google Kalender** oder **Apple Kalender** ermöglichen es Senioren, ihre Termine einfach zu verwalten. Sie können Erinnerungen für Arztbesuche oder Familienfeiern einstellen und sogar wiederkehrende Ereignisse planen. Die Möglichkeit, den Kalender mit Familienmitgliedern oder Betreuern zu teilen, sorgt dafür, dass wichtige Termine nicht übersehen werden.

Zudem gibt es spezialisierte Apps zur Aufgabenverwaltung wie **Trello** oder **Any.do**, die visuelle Boards anbieten. Diese Tools helfen dabei, Projekte in übersichtliche Schritte zu unterteilen und Prioritäten festzulegen. Senioren können so ihre täglichen Aufgaben besser organisieren und haben stets einen klaren Überblick über anstehende Arbeiten.

Ein weiterer Aspekt ist die Integration von Notizen-Apps wie **Evernote** oder **Microsoft OneNote**. Diese Anwendungen ermöglichen es Nutzern, Gedanken festzuhalten, Rezepte zu speichern oder wichtige Informationen schnell abzurufen. Durch die Synchronisation zwischen verschiedenen Geräten haben Senioren jederzeit Zugriff auf ihre Notizen – sei es am Smartphone oder am Computer.

Sicherheit spielt ebenfalls eine entscheidende Rolle bei der Nutzung digitaler Tools. Viele dieser Anwendungen bieten Funktionen zum Schutz persönlicher Daten an. So können Passwörter sicher gespeichert werden und sensible Informationen bleiben geschützt vor unbefugtem Zugriff.

Letztlich tragen digitale Organisationstools dazu bei, dass Senioren ihren Alltag selbstbestimmt gestalten können. Sie fördern nicht nur die Effizienz im Umgang mit Zeit und Aufgaben, sondern stärken auch das Gefühl der Kontrolle über das eigene Leben.

15.3 Sicherheit im Internet für ältere Nutzer

Die Sicherheit im Internet ist ein zentrales Anliegen, insbesondere für ältere Nutzer, die möglicherweise weniger Erfahrung mit digitalen Technologien haben. In einer Zeit, in der Online-Betrug und Cyberkriminalität zunehmend verbreitet sind, ist es entscheidend, dass Senioren über die notwendigen Kenntnisse und Werkzeuge verfügen, um sich sicher im Netz zu bewegen.

Ein wichtiger Aspekt der Internetsicherheit ist das Bewusstsein für Phishing-Angriffe. Diese betrügerischen Versuche zielen darauf ab, persönliche Informationen wie Passwörter oder Bankdaten zu stehlen. Senioren sollten lernen, verdächtige E-Mails oder Nachrichten zu erkennen und niemals auf Links zu klicken oder Anhänge von unbekannten Absendern zu öffnen. Schulungen oder Workshops können hierbei hilfreich sein, um das nötige Wissen zu vermitteln.

Ein weiterer Schutzmechanismus ist die Verwendung starker Passwörter. Senioren sollten ermutigt werden, komplexe Passwörter zu wählen und diese regelmäßig zu ändern. Passwortmanager wie **LastPass** oder **1Password** können dabei helfen, verschiedene Passwörter sicher zu speichern und den Überblick zu behalten. Zudem sollte die Zwei-Faktor-Authentifizierung aktiviert werden, wo immer dies möglich ist; sie bietet eine zusätzliche Sicherheitsebene beim Zugriff auf Konten.

Darüber hinaus spielt auch der Schutz der Privatsphäre eine wesentliche Rolle. Ältere Nutzer sollten sich bewusst sein, welche persönlichen Daten sie online teilen und welche Einstellungen sie in sozialen Medien vornehmen können. Es empfiehlt sich, die Datenschutzeinstellungen regelmäßig zu überprüfen und nur mit vertrauenswürdigen Plattformen interagieren.

Letztlich kann auch die Nutzung von Sicherheitssoftware einen wichtigen Beitrag zur Internetsicherheit leisten. Antivirus-Programme sowie Firewalls schützen vor Malware und unbefugtem Zugriff auf persönliche Daten. Senioren sollten dazu angehalten werden, ihre Software regelmäßig zu aktualisieren und Sicherheitsupdates zeitnah durchzuführen.

Insgesamt ist es entscheidend, dass ältere Menschen nicht nur über technische Hilfsmittel verfügen, sondern auch das notwendige Wissen haben, um diese effektiv einzusetzen. Durch gezielte Aufklärung und Unterstützung können sie sicherer im Internet agieren und somit ihre digitale Teilhabe aktiv gestalten.

16
Herausforderungen beim Arbeiten im Alter

16.1 Physische Einschränkungen überwinden

Die Überwindung physischer Einschränkungen ist ein zentrales Thema für Senioren, die aktiv am Berufsleben teilnehmen möchten. Mit dem Anstieg der Lebenserwartung und der damit verbundenen Notwendigkeit, länger im Arbeitsleben zu bleiben, wird es immer wichtiger, Strategien zu entwickeln, um körperliche Herausforderungen zu meistern. Diese Herausforderungen können von altersbedingten Erkrankungen bis hin zu chronischen Schmerzen reichen und erfordern oft kreative Lösungen.

Ein erster Schritt zur Überwindung physischer Einschränkungen besteht darin, die eigenen Fähigkeiten realistisch einzuschätzen. Senioren sollten sich bewusst machen, welche Tätigkeiten sie trotz ihrer Einschränkungen ausführen können. Hierbei kann eine individuelle Analyse helfen: Welche Bewegungsabläufe sind schmerzhaft? Wo liegen die Stärken? Oftmals gibt es alternative Wege, um Aufgaben zu erledigen oder neue Fähigkeiten zu erlernen.

Technologische Hilfsmittel spielen eine entscheidende Rolle bei der Unterstützung älterer Arbeitnehmer. Von ergonomischen Büromöbeln über spezielle Software bis hin zu mobilen Apps – moderne Technologien können den Arbeitsalltag erheblich erleichtern. Beispielsweise ermöglichen Sprachsteuerungssysteme das Arbeiten am Computer ohne körperliche Belastung der Hände oder Gelenke. Solche Hilfsmittel fördern nicht nur die Selbstständigkeit, sondern steigern auch das Selbstbewusstsein und die Motivation.

Darüber hinaus ist es wichtig, ein unterstützendes Umfeld zu schaffen. Arbeitgeber sollten sensibilisiert werden für die Bedürfnisse älterer Mitarbeiter und entsprechende Anpassungen vornehmen. Flexible Arbeitszeiten oder Homeoffice-Optionen können dazu beitragen, dass Senioren ihre Arbeit besser mit ihren physischen Bedürfnissen in Einklang bringen können.

Insgesamt zeigt sich, dass durch gezielte Maßnahmen und Unterstützung physische Einschränkungen nicht zwangsläufig das Ende einer aktiven beruflichen Laufbahn bedeuten müssen. Vielmehr eröffnen sie neue Perspektiven für kreative Lösungsansätze im Arbeitsleben von Senioren.

- Regelmäßige Bewegung und Physiotherapie stärken die Muskulatur und verbessern die Mobilität.
- Austausch mit Gleichgesinnten in Selbsthilfegruppen fördert den sozialen Kontakt und bietet praktische Tipps.
- Fortbildungsangebote helfen dabei, neue Fähigkeiten zu erlernen und sich an veränderte Anforderungen anzupassen.

16.2 Umgang mit Vorurteilen gegenüber älteren Arbeitnehmern

Der Umgang mit Vorurteilen gegenüber älteren Arbeitnehmern ist ein entscheidender Aspekt, um eine inklusive und produktive Arbeitsumgebung zu schaffen. In vielen Unternehmen bestehen nach wie vor stereotype Vorstellungen über die Leistungsfähigkeit und Anpassungsfähigkeit älterer Mitarbeiter. Diese Vorurteile können nicht nur die Karrierechancen der Betroffenen beeinträchtigen, sondern auch das gesamte Betriebsklima negativ beeinflussen.

Ein häufiges Vorurteil ist die Annahme, dass ältere Arbeitnehmer weniger lernfähig sind oder Schwierigkeiten haben, sich an neue Technologien anzupassen. Diese Sichtweise ignoriert jedoch die vielfältigen Erfahrungen und Kompetenzen, die ältere Mitarbeiter in den Arbeitsprozess einbringen können. Viele Senioren haben im Laufe ihrer Karriere umfangreiche Kenntnisse erworben und sind oft in der Lage, komplexe Probleme aus verschiedenen Perspektiven zu betrachten. Arbeitgeber sollten daher gezielt auf diese Stärken eingehen und Möglichkeiten zur Weiterbildung anbieten, um das Potenzial älterer Mitarbeiter voll auszuschöpfen.

Um Vorurteile abzubauen, ist es wichtig, eine offene Kommunikationskultur zu fördern. Regelmäßige Schulungen für Führungskräfte und Mitarbeiter können helfen, Bewusstsein für Altersdiskriminierung zu schaffen und den Wert von Diversität im Team hervorzuheben. Workshops zur Sensibilisierung können dazu beitragen, Missverständnisse abzubauen und den intergenerationalen Austausch zu fördern.

Zudem sollten Unternehmen Mentoring-Programme implementieren, bei denen erfahrene ältere Arbeitnehmer ihr Wissen an jüngere Kollegen weitergeben können. Solche Programme stärken nicht nur das Selbstbewusstsein der älteren Mitarbeiter, sondern tragen auch zur Teamentwicklung bei und fördern ein respektvolles Miteinander.

- Förderung einer positiven Unternehmenskultur durch Diversity-Management.
- Regelmäßige Schulungen zur Sensibilisierung für Altersvorurteile.
- Implementierung von Mentoring-Programmen zur Wissensweitergabe.

Insgesamt zeigt sich, dass der aktive Umgang mit Vorurteilen gegenüber älteren Arbeitnehmern nicht nur deren Integration in den Arbeitsmarkt verbessert, sondern auch einen wertvollen Beitrag zur Innovationskraft eines Unternehmens leisten kann. Indem man die Fähigkeiten aller Altersgruppen anerkennt und fördert, entsteht ein dynamisches Arbeitsumfeld, das von gegenseitigem Respekt geprägt ist.

16.3 Strategien zur Motivation

Die Motivation älterer Arbeitnehmer ist ein zentrales Element, um ihre Produktivität und Zufriedenheit am Arbeitsplatz zu fördern. In einer Zeit, in der die Arbeitswelt zunehmend diversifiziert wird, ist es entscheidend, spezifische Strategien zu entwickeln, die auf die Bedürfnisse und Stärken dieser Altersgruppe eingehen. Eine positive Motivation kann nicht nur die individuelle Leistung steigern, sondern auch das gesamte Teamklima verbessern.

Eine der effektivsten Strategien zur Steigerung der Motivation besteht darin, den älteren Mitarbeitern Verantwortung zu übertragen. Indem man ihnen bedeutende Aufgaben anvertraut, fühlen sie sich wertgeschätzt und erkennen ihren Beitrag zum Unternehmenserfolg. Dies kann durch gezielte Projekte oder Führungsrollen innerhalb von Teams geschehen. Solche Verantwortlichkeiten fördern nicht nur das Selbstbewusstsein, sondern auch das Gefühl der Zugehörigkeit.

Ein weiterer wichtiger Aspekt ist die Förderung von Weiterbildungsmöglichkeiten. Ältere Arbeitnehmer haben oft den Wunsch, ihre Fähigkeiten auszubauen und sich neuen Herausforderungen zu stellen. Unternehmen sollten daher regelmäßige Schulungen anbieten, die sowohl technische als auch soziale Kompetenzen abdecken. Diese Investition in die persönliche Entwicklung zeigt den Mitarbeitern, dass ihre Karriere ernst genommen wird und sie aktiv an ihrer Zukunft mitgestalten können.

Zudem spielt eine offene Kommunikationskultur eine entscheidende Rolle bei der Motivation älterer Mitarbeiter. Regelmäßige Feedbackgespräche ermöglichen es den Angestellten, ihre Meinungen und Ideen einzubringen. Dies fördert nicht nur das Vertrauen zwischen Führungskräften und Mitarbeitern, sondern schafft auch ein Umfeld des gegenseitigen Respekts und der Wertschätzung.

- Übertragung von Verantwortung für bedeutende Aufgaben.
- Angebot von Weiterbildungsmöglichkeiten zur persönlichen Entwicklung.
- Förderung einer offenen Kommunikationskultur durch regelmäßige Feedbackgespräche.

Zusammenfassend lässt sich sagen, dass eine gezielte Ansprache der Motivationsfaktoren älterer Arbeitnehmer entscheidend für deren Engagement im Unternehmen ist. Durch verantwortungsvolle Aufgabenverteilung, kontinuierliche Weiterbildung und offene Kommunikation können Unternehmen nicht nur die Zufriedenheit ihrer älteren Mitarbeiter steigern, sondern auch deren wertvolle Erfahrungen optimal nutzen.

Die Rolle der Familie bei Zusatzverdiensten

17.1 Unterstützung durch Angehörige

Die Unterstützung durch Angehörige spielt eine entscheidende Rolle, wenn es darum geht, Senioren bei der Generierung von Zusatzverdiensten zu helfen. In einer Zeit, in der viele ältere Menschen aktiv bleiben und ihre finanzielle Situation im Ruhestand verbessern möchten, ist die familiäre Unterstützung oft ein Schlüsselfaktor für den Erfolg. Angehörige können nicht nur emotionale Rückendeckung bieten, sondern auch praktische Hilfe leisten, die es Senioren ermöglicht, neue Einkommensquellen zu erschließen.

Ein wichtiger Aspekt dieser Unterstützung ist die Bereitstellung von Informationen und Ressourcen. Familienmitglieder können ihren älteren Verwandten helfen, geeignete Möglichkeiten für Teilzeitarbeit oder freiberufliche Tätigkeiten zu finden. Dies kann durch das Teilen von Online-Plattformen geschehen, auf denen Senioren ihre Fähigkeiten anbieten können, oder durch das Informieren über lokale Initiativen und Programme zur Förderung des Unternehmertums im Alter.

Darüber hinaus kann die Familie auch bei der Überwindung technischer Barrieren unterstützen. Viele Zusatzverdienstmöglichkeiten erfordern grundlegende Computerkenntnisse oder den Umgang mit sozialen Medien. Jüngere Familienmitglieder können hier als Mentoren fungieren und ihren älteren Verwandten beibringen, wie sie digitale Tools effektiv nutzen können. Diese Schulungen sind nicht nur praktisch; sie fördern auch das Selbstbewusstsein und die Unabhängigkeit der Senioren.

Ein weiterer wichtiger Punkt ist die emotionale Unterstützung. Der Schritt in eine neue berufliche Phase kann für viele Senioren herausfordernd sein. Hier kommen Angehörige ins Spiel: Sie können ermutigen und motivieren sowie Ängste abbauen, indem sie positive Erfahrungen teilen oder selbst an ähnlichen Projekten teilnehmen. Gemeinsame Aktivitäten wie Workshops oder Kurse zur beruflichen Weiterbildung stärken zudem den Zusammenhalt innerhalb der Familie und schaffen ein unterstützendes Umfeld.

Zusammenfassend lässt sich sagen, dass die Rolle der Familie bei der Unterstützung von Senioren in Bezug auf Zusatzverdienste nicht unterschätzt werden sollte. Durch praktische Hilfe, emotionale Unterstützung und den Austausch von Wissen tragen Angehörige maßgeblich dazu bei, dass ältere Menschen ihre finanziellen Ziele erreichen und gleichzeitig ein erfülltes Leben führen können.

17.2 Familienunternehmen als Option

Familienunternehmen stellen eine bedeutende Option für Senioren dar, die nach Zusatzverdiensten suchen. Diese Unternehmen bieten nicht nur die Möglichkeit, finanzielle Unabhängigkeit zu erlangen, sondern auch ein Umfeld, das auf Vertrauen und Zusammenarbeit basiert. In vielen Fällen sind Familienunternehmen in der Lage, die Stärken und Fähigkeiten ihrer Mitglieder optimal zu nutzen, was zu einer höheren Effizienz und einem besseren Arbeitsklima führt.

Ein entscheidender Vorteil von Familienunternehmen ist die Flexibilität in der Arbeitsgestaltung. Senioren können ihre Arbeitszeiten oft selbst bestimmen und so ihre beruflichen Aktivitäten mit anderen Lebensbereichen wie Familie oder Freizeit in Einklang bringen. Diese Flexibilität ist besonders wichtig für ältere Menschen, die möglicherweise gesundheitliche Einschränkungen haben oder sich um Angehörige kümmern müssen.

Darüber hinaus fördern Familienunternehmen den intergenerationalen Austausch. Jüngere Generationen können von den Erfahrungen und dem Wissen älterer Familienmitglieder profitieren, während diese wiederum neue Perspektiven und Technologien kennenlernen. Dieser Wissensaustausch kann nicht nur zur Verbesserung der Unternehmensabläufe beitragen, sondern auch das persönliche Wachstum aller Beteiligten fördern.

- **Ressourcennutzung:** Familienunternehmen können Ressourcen effizienter nutzen, da sie oft über ein Netzwerk von Kontakten verfügen, das ihnen Zugang zu Märkten und Kunden verschafft.
- **Kundennähe:** Die enge Bindung zwischen den Mitgliedern des Unternehmens fördert eine starke Kundenbindung und ermöglicht es, auf individuelle Bedürfnisse besser einzugehen.
- **Emotionale Bindung:** Die emotionale Verbindung innerhalb der Familie kann dazu führen, dass Mitarbeiter motivierter sind und sich stärker mit dem Unternehmen identifizieren.

Nicht zuletzt spielt auch die gesellschaftliche Verantwortung eine Rolle: Viele Familienunternehmen engagieren sich aktiv in ihren Gemeinden. Dies kann durch lokale Projekte oder soziale Initiativen geschehen, was nicht nur das Ansehen des Unternehmens stärkt, sondern auch den Zusammenhalt innerhalb der Familie fördert.

Zusammenfassend lässt sich sagen, dass Familienunternehmen eine attraktive Option für Senioren darstellen können. Sie bieten nicht nur wirtschaftliche Chancen, sondern auch ein unterstützendes Umfeld, das sowohl persönliche als auch berufliche Entwicklung fördert.

17.3 Kommunikation über finanzielle Ziele

Die Kommunikation über finanzielle Ziele innerhalb der Familie ist ein entscheidender Aspekt, der nicht nur die wirtschaftliche Stabilität fördert, sondern auch das gegenseitige Verständnis und die Zusammenarbeit stärkt. In vielen Familien wird das Thema Geld oft als Tabu betrachtet, was zu Missverständnissen und Konflikten führen kann. Eine offene und ehrliche Diskussion über finanzielle Ziele ermöglicht es den Familienmitgliedern, ihre individuellen Bedürfnisse und Wünsche klar zu artikulieren und gemeinsam an einem Strang zu ziehen.

Ein wichtiger Schritt in dieser Kommunikation ist die Festlegung gemeinsamer finanzieller Ziele. Diese können von der Planung eines Urlaubs bis hin zur Altersvorsorge reichen. Indem alle Beteiligten in diesen Prozess einbezogen werden, entsteht ein Gefühl der Verantwortung und des Engagements für die gemeinsamen Ziele. Es ist hilfreich, regelmäßige Familientreffen abzuhalten, um den Fortschritt zu besprechen und gegebenenfalls Anpassungen vorzunehmen.

Darüber hinaus spielt die Art und Weise, wie Informationen vermittelt werden, eine wesentliche Rolle. Komplexe finanzielle Themen sollten so erklärt werden, dass sie für alle verständlich sind. Dies kann durch einfache Sprache oder visuelle Hilfsmittel geschehen. Ein Beispiel könnte sein, dass man Diagramme oder Tabellen verwendet, um Einnahmen und Ausgaben anschaulich darzustellen. Solche Methoden fördern nicht nur das Verständnis, sondern auch das Interesse an finanziellen Angelegenheiten.

Ein weiterer Aspekt ist die emotionale Dimension der finanziellen Kommunikation. Geldfragen sind oft mit Ängsten oder Unsicherheiten verbunden. Daher ist es wichtig, einen Raum zu schaffen, in dem sich jedes Familienmitglied sicher fühlt, seine Bedenken zu äußern. Empathie und aktives Zuhören sind hierbei unerlässlich; sie helfen dabei, Spannungen abzubauen und Vertrauen aufzubauen.

Zusammenfassend lässt sich sagen, dass eine effektive Kommunikation über finanzielle Ziele innerhalb der Familie nicht nur zur Erreichung dieser Ziele beiträgt, sondern auch den Zusammenhalt stärkt und das familiäre Klima verbessert. Durch Offenheit und Transparenz können Familienmitglieder lernen, gemeinsam Herausforderungen zu meistern und ihre Ressourcen optimal zu nutzen.

18
Fazit und Ausblick

18.1 Zusammenfassung der wichtigsten Erkenntnisse

In einer Zeit, in der die Lebensrealitäten von Senioren sich stetig wandeln, ist es unerlässlich, die gewonnenen Erkenntnisse über Zusatzverdienstmöglichkeiten im Ruhestand zusammenzufassen. Die zentrale Botschaft dieses Buches ist, dass finanzielle Unabhängigkeit und persönliche Erfüllung auch im Alter erreichbar sind. Durch gezielte Strategien und kreative Ansätze können Senioren nicht nur ihre finanzielle Situation verbessern, sondern auch aktiv am gesellschaftlichen Leben teilnehmen.

Ein wesentlicher Punkt ist die Vielfalt der Möglichkeiten, die Senioren zur Verfügung stehen. Von traditionellen Teilzeitarbeitsplätzen bis hin zu modernen Online-Plattformen bietet das Spektrum an Verdienstmöglichkeiten zahlreiche Optionen. Diese Flexibilität ermöglicht es den Lesern, ihre individuellen Fähigkeiten und Interessen zu nutzen. So kann beispielsweise jemand mit handwerklichem Geschick durch freiberufliche Tätigkeiten oder Kleinunternehmerinitiativen ein zusätzliches Einkommen generieren.

Darüber hinaus zeigt sich in den Erfolgsgeschichten vieler Senioren, dass es oft nicht nur um das Geld geht. Die Berichte verdeutlichen, wie wichtig soziale Interaktion und persönliche Zufriedenheit sind. Viele berichten von einem gesteigerten Selbstwertgefühl und neuen Freundschaften, die aus ihren Aktivitäten hervorgegangen sind. Dies unterstreicht die Bedeutung eines aktiven Lebensstils für das allgemeine Wohlbefinden im Alter.

Ein weiterer wichtiger Aspekt ist die Rolle von Technologie in diesem Kontext. Die Digitalisierung eröffnet neue Wege für Senioren, um ihre Talente online anzubieten oder sich in virtuellen Gemeinschaften zu engagieren. Das Buch ermutigt dazu, diese Technologien als Werkzeuge zur Selbstverwirklichung zu betrachten und nicht als Hürde.

Zusammenfassend lässt sich sagen, dass die Erkenntnisse aus diesem Buch eine klare Richtung vorgeben: Mit dem richtigen Wissen und einer positiven Einstellung können Senioren ihren Ruhestand nicht nur genießen, sondern auch aktiv gestalten. Es liegt an jedem Einzelnen, diese Chancen zu erkennen und zu ergreifen.

18.2 Zukünftige Entwicklungen in der Arbeitswelt für Senioren

Die Arbeitswelt für Senioren steht vor einem tiefgreifenden Wandel, der durch demografische Veränderungen, technologische Innovationen und gesellschaftliche Trends geprägt ist. Angesichts einer alternden Bevölkerung wird es zunehmend wichtig, die Potenziale älterer Arbeitnehmer zu erkennen und zu nutzen. Diese Entwicklungen bieten nicht nur Chancen für Senioren, sondern auch für Unternehmen, die von der Erfahrung und den Fähigkeiten dieser Generation profitieren können.

Ein zentraler Aspekt zukünftiger Entwicklungen ist die Flexibilisierung der Arbeitsmodelle. Immer mehr Unternehmen setzen auf hybride Arbeitsformen, die es Senioren ermöglichen, ihre Arbeit an ihre Lebensumstände anzupassen. Homeoffice und flexible Arbeitszeiten sind nicht nur attraktiv für jüngere Arbeitnehmer, sondern bieten auch älteren Menschen die Möglichkeit, Beruf und Privatleben besser zu vereinbaren. Dies fördert nicht nur die Produktivität, sondern trägt auch zur Zufriedenheit und Gesundheit der Mitarbeiter bei.

Darüber hinaus wird die Bedeutung von lebenslangem Lernen zunehmen. Die rasante Entwicklung digitaler Technologien erfordert von allen Arbeitnehmern – insbesondere von Senioren – eine kontinuierliche Weiterbildung. Programme zur digitalen Kompetenz werden entscheidend sein, um sicherzustellen, dass ältere Arbeitnehmer mit den neuesten Technologien Schritt halten können. Initiativen wie Online-Kurse oder Workshops in Gemeinschaftszentren könnten hier eine wichtige Rolle spielen.

Ein weiterer Trend ist das Wachstum des Unternehmertums unter Senioren. Viele ältere Menschen bringen wertvolle Erfahrungen aus ihrem Berufsleben mit und sind bereit, eigene Geschäftsideen zu verwirklichen. Unterstützungsangebote wie Mentoring-Programme oder Gründerzentren speziell für Senioren könnten dazu beitragen, diese Bestrebungen zu fördern und erfolgreich umzusetzen.

Schließlich wird auch das soziale Engagement älterer Arbeitnehmer an Bedeutung gewinnen. Freiwilligenarbeit oder Teilzeitjobs in sozialen Einrichtungen bieten nicht nur eine Möglichkeit zur finanziellen Absicherung, sondern stärken auch das Gemeinschaftsgefühl und tragen zur persönlichen Erfüllung bei.

Zusammenfassend lässt sich sagen, dass die Zukunft der Arbeitswelt für Senioren vielversprechend ist. Mit den richtigen Rahmenbedingungen können sie aktiv am Berufsleben teilnehmen und dabei sowohl persönliche als auch gesellschaftliche Vorteile genießen.

18.3 Ermutigung zu einem aktiven Lebensstil

Ein aktiver Lebensstil ist nicht nur für die körperliche Gesundheit von Senioren entscheidend, sondern spielt auch eine zentrale Rolle für das psychische Wohlbefinden und die soziale Integration. In einer Zeit, in der viele ältere Menschen mit Isolation und gesundheitlichen Herausforderungen konfrontiert sind, ist es wichtig, sie zu ermutigen, aktiv zu bleiben und sich regelmäßig zu bewegen.

Die Vorteile eines aktiven Lebensstils sind vielfältig. Regelmäßige körperliche Aktivität kann das Risiko chronischer Erkrankungen wie Herz-Kreislauf-Erkrankungen, Diabetes und Osteoporose erheblich senken. Darüber hinaus fördert Bewegung die geistige Gesundheit, indem sie Stress abbaut und das Risiko von Depressionen verringert. Ein weiterer positiver Aspekt ist die Verbesserung der Mobilität und Flexibilität, was den Alltag erleichtert und die Selbstständigkeit unterstützt.

Um Senioren zu einem aktiven Lebensstil zu ermutigen, sollten verschiedene Ansätze verfolgt werden. Gemeinschaftsangebote wie Sportgruppen oder Tanzkurse können eine hervorragende Möglichkeit sein, um soziale Kontakte zu knüpfen und gleichzeitig aktiv zu bleiben. Solche Programme fördern nicht nur die körperliche Fitness, sondern stärken auch das Gemeinschaftsgefühl unter den Teilnehmern.

- **Individuelle Beratung:** Die Bereitstellung von personalisierten Trainingsplänen durch Fachkräfte kann helfen, individuelle Bedürfnisse und Fähigkeiten zu berücksichtigen.
- **Zugänglichkeit:** Die Schaffung barrierefreier Sporteinrichtungen sowie Angebote in Wohngebieten erhöhen die Wahrscheinlichkeit der Teilnahme an Aktivitäten.
- **Motivationsprogramme:** Anreize wie Belohnungssysteme oder Wettbewerbe können Senioren zusätzlich motivieren, aktiv zu bleiben.

Zusätzlich sollte auf die Bedeutung von Alltagsbewegung hingewiesen werden. Kleine Veränderungen im täglichen Leben – wie Treppensteigen statt Aufzugfahren oder Spaziergänge im Park – können einen großen Unterschied machen. Es ist wichtig, dass Senioren erkennen, dass jede Form von Bewegung zählt und dass sie selbst kleine Schritte unternehmen können, um ihre Gesundheit positiv zu beeinflussen.

Insgesamt ist es entscheidend, ein Umfeld zu schaffen, das Senioren dazu ermutigt, aktiv zu sein. Durch gezielte Programme und Unterstützung kann ein aktiver Lebensstil gefördert werden, der nicht nur die Gesundheit verbessert, sondern auch zur Lebensqualität beiträgt.

Referenzen:

- Weltgesundheitsorganisation (WHO). (2015). Aktive Lebensweise für ältere Menschen.
- Bundeszentrale für gesundheitliche Aufklärung. (2021). Gesundheit im Alter.
- Deutsche Gesellschaft für Ernährung e.V. (DGE). (2020). Ernährung im Alter.
- Deutsches Zentrum für Altersfragen. (2019). Bewegung und Gesundheit im Alter.
- Bundesministerium für Familie, Senioren, Frauen und Jugend. (2021). Altersvorsorge im Wandel.
- Deutsche Rentenversicherung. (2020). Informationen zur gesetzlichen Rente.
- Statistisches Bundesamt. (2022). Lebenserwartung in Deutschland.
- Müller, A. (2020). Lebensqualität im Ruhestand: Strategien zur Selbstorganisation. Verlag für Sozialwissenschaften.
- Klein, C. (2021). Aktiv und erfüllt im Ruhestand: Ein Leitfaden für Senioren. Lebenshilfe Verlag.
- Müller, B. (2019). Die Kraft der Vision: Ziele setzen und erreichen im Alter. Seniorenverlag.
- World Health Organization. (2020). Physical activity and older adults.
- Schmidt, M., & Müller, R. (2018). Sport und Gesundheit im Alter: Ein Leitfaden.
- Bundesministerium für Arbeit und Soziales. (2021). Digitale Arbeitswelt: Chancen und Herausforderungen.
- Technische Universität Dortmund. (2023). Digitale Teilhabe von Senioren.
- Bourdieu, P. (1984). Die feinen Unterschiede: Kritik der gesellschaftlichen Urteilskraft.

Das Buch "Zusatzverdienstmöglichkeiten im Ruhestand" behandelt die wachsende Bedeutung von Einkommensquellen für Senioren, die aktiv und finanziell unabhängig bleiben möchten. Angesichts der steigenden Lebenserwartung ist es für viele wichtig, ihre finanzielle Situation im Ruhestand zu verbessern. Das Werk richtet sich an ältere Menschen, die durch Teilzeitarbeit, freiberufliche Tätigkeiten oder kreative Einkommensquellen zusätzliche Einnahmen generieren wollen.

Im Buch werden verschiedene Möglichkeiten vorgestellt, um zusätzliches Einkommen zu erzielen. Dazu gehören sowohl traditionelle Arbeitsmodelle als auch moderne Ansätze wie Online-Arbeit und Unternehmertum. Jedes Kapitel bietet wertvolle Informationen über die Vor- und Nachteile der jeweiligen Optionen sowie praxisnahe Ratschläge zur Umsetzung. Aktuelle Statistiken und Trends untermauern die Relevanz dieser Verdienstmöglichkeiten.

Ein weiterer wichtiger Aspekt sind Erfolgsgeschichten von Senioren, die bereits erfolgreich Zusatzverdienste erzielt haben. Diese persönlichen Berichte bieten Inspiration und wertvolle Lektionen für andere. Zudem werden Experteninterviews integriert, um fundierte Informationen und Perspektiven zu liefern. Insgesamt ermutigt das Buch die Leser dazu, aktiv zu werden und ihre Zeit im Ruhestand sinnvoll zu gestalten, indem sie neue Perspektiven entdecken und Chancen nutzen.

© 2025 Alexander Armin

Verlag: BoD · Books on Demand GmbH, Überseering 33,
22297 Hamburg, bod@bod.de
Druck: Libri Plureos GmbH, Friedensallee 273, 22763 Hamburg
ISBN: 978-3-7693-1200-3